L'Amitié guérinienne

2020, n° 199

L'Amitié guérinienne

Revue annuelle des Amis des Guérin

PARIS
CLASSIQUES GARNIER
2020

L'Amitié guérinienne
Revue annuelle des Amis des Guérin
Association loi 1901 – Agrément n° 2348

ASSOCIATION « LES AMIS DES GUÉRIN »

Siège social : Château-musée du Cayla – 81140 Andillac
Secrétariat : Tout courrier doit être adressé à l'adresse ci-après :
Les Amis des Guérin
Château de Mayragues
81140 Castelnau de Montmiral

Tél. : 05 63 33 94 08
Site internet : http://www.les-amis-des-guerin.fr
Adresse mail : jecontacte@les-amis-des-guerin.fr

COTISATION ANNUELLE (incluant l'abonnement)

Pour la France : Membre adhérent, 22 € ; Membre soutien, 30 € ; Membre
bienfaiteur : à partir de 40 € ; Abonnement bibliothèques et universités : 25 €.
Pour l'étranger : 40 €.

ISBN 978-2-406-11173-3
ISSN 0517-6247

SOMMAIRE

ÉDITORIAL

Notre Association a pris acte de la décision du Département de supprimer l'Établissement public qui gérait depuis de très nombreuses années le château-musée du Cayla. Deux administrateurs de notre Association siégeaient au conseil d'administration de cet Établissement public.

Nous souhaitons rendre ici un vibrant hommage à son président Alain Soriano qui s'est dépensé sans compter pour le Cayla. Il a été un défenseur du site totalement dévoué et a su préserver l'âme des lieux et le souvenir des Guérin.

Grâce à son action les collections du musée se sont considérablement enrichies, ont été préservées et restaurées.

Notre Association reste donc maintenant seule et nous devrons travailler de concert avec les instances départementales en charge du Cayla.

Comme pour marquer ce nouveau départ, nous avons inauguré tous ensemble lors de la Journée guérinienne de 2019 la statue du centaure d'Abbal qui est enfin arrivée au Cayla à l'initiative de notre Association.

Nous pouvons nous targuer d'avoir d'excellentes relations avec les personnes chargées de la Culture au Département et nous ne doutons pas que nous réussirons tous ensemble à maintenir la mémoire d'Eugénie et Maurice de Guérin et à restaurer et embellir ces lieux qui nous tiennent tant à cœur.

C'est pour cela que la crise sanitaire sans précédent que nous vivons n'a fait que renforcer ces résolutions et nous avons voulu maintenir malgré tout notre Journée guérinienne.

Laurence et Alan Geddes, respectivement secrétaire et trésorier de notre Association, nous ont fait part de leur décision de démissionner à regret de leurs postes, étant trop pris par leurs charges de vignerons. Ils resteront bien entendu parmi nous.

Nous ne pouvons que les remercier chaleureusement et avec beaucoup de reconnaissance pour leur dévouement à la cause guérinienne depuis de longues années et je fais appel à toutes les bonnes volontés pour les remplacer dans leurs tâches.

Plus que jamais nous devons donc montrer notre détermination, nous avons besoin d'être unis et soutenus, et nous comptons donc sur votre soutien et votre amitié, car en ces temps troublés nous ne pouvons que constater combien nous sommes tous fragiles.

Pierre CHATELUS DE VIALAR

NOTRE JOURNÉE GUÉRINIENNE
DU 19 JUILLET 2020

À époque exceptionnelle, Journée guérinienne exceptionnelle !

Alors que la plupart des manifestations ont été annulées pour cause de pandémie, nous avons voulu maintenir notre réunion et manifester ainsi la vivacité de notre Association en prenant toutes les précautions recommandées.

Notre Assemblée générale a donc pu se tenir à 10 heures dans la salle des fêtes d'Andillac et l'assistance n'était pas moins nombreuse que d'habitude.

Puis nous avons participé à la messe célébrée par l'abbé Jean-Claude Ferret, curé de la paroisse Théodoric Balat, Castelnau de Montmiral-Lisle sur Tarn, que nous tenons à remercier vivement pour avoir bien voulu officier en ces temps difficiles. Là encore l'assistance était nombreuse et recueillie.

Nous nous sommes ensuite retrouvés au cimetière autour de la tombe d'Eugénie et Maurice en présence de M. le sénateur Bonnecarrère, toujours fidèle guérinien, qui nous a fait l'honneur d'être là.

Le déjeuner traditionnel sous les ombrages du Cayla avait été remplacé par un piquenique que chacun avait apporté. Le personnel du Cayla avait disposé tables et chaises, ce dont nous le remercions, et grâce à cela et au temps délicieux, l'ambiance fut fort sympathique.

Puis nous nous sommes retrouvés, toujours aussi nombreux, dans la bergerie pour la conférence de Monsieur Jean-Paul Charlut. Heureusement cette année le conférencier habitait Gaillac, ce qui nous a permis de prendre le risque de maintenir sa causerie puisque nous évitions un long déplacement.

Le titre de la conférence, « Kaléidoscope aquatique de la Roche d'Onelle à l'Océan », nous a d'abord intrigués, mais nous avons vite été passionnés et rafraîchis par cette évocation des eaux dans l'œuvre de Maurice.

Nous avons ensuite partagé le verre de l'amitié grâce à la famille Geddes qui nous a fait goûter le fruit de son travail à Mayragues.

Ceci a clos, d'une manière bien sympathique, une journée mémorable.

Pierre CHATELUS DE VIALAR

HOMÉLIE

Andillac, 19 juillet 2020
(16ᵉ dimanche du Temps Ordinaire)

(Sg 12, 13.16-19 ; ps 85 ; Rm 8, 24-27 ; Mt 13, 24 – 43)

Comme la semaine dernière, avec la parabole du semeur, nous avons la chance d'avoir une explication sur le sens de l'ivraie par Jésus lui-même.

L'Évangile nous décrit une situation : nous sommes mêlés. Le bien et le mal habitent en nous. Nous ne pouvons qu'être davantage attentifs au bien. Arracher le mal, par nos propres forces, est impossible, mais nous avons les moyens de lutter avec la prière et l'attention à nos frères. Jésus, dans la description qu'il fait de l'ivraie, lorsqu'il répond aux Apôtres, nous donne quelques critères de discernement : « Celui qui sème le bon grain, c'est le Fils de l'homme ; le champ, c'est le monde ; le bon grain, ce sont les fils du Royaume ; l'ivraie, ce sont les fils du Mauvais. L'ennemi qui l'a semée, c'est le diable ; la moisson, c'est la fin du monde ; les moissonneurs, ce sont les anges. De même que l'on enlève l'ivraie pour la jeter au feu, ainsi en sera-t-il à la fin du monde. Le Fils de l'homme enverra ses anges, et ils enlèveront de son Royaume toutes les causes de chute et ceux qui font le mal ; ils les jetteront dans la fournaise : là, il y aura des pleurs et des grincements de dents. Alors les justes resplendiront comme le soleil dans le royaume de leur Père. Celui qui a des oreilles, qu'il entende ! »

Il existe donc un ennemi qui agit contre Dieu et contre les Fils du Royaume dont nous essayons d'être dignes. Le diable n'est certainement pas une figure ridicule, « folklorique » – qui mettait saint Bernard en colère quand il en voyait les représentations dans des églises –, mais bien celui qui tente et sollicite, qui persuade ; il est séduisant, tout en pouvant parfois effrayer, il est assez fort pour contrarier nos projets, mais ne peut rien contre Dieu et ses anges.

Il y a donc un combat à mener, contre l'ennemi, contre le mal, en restant du côté du bien, en le pratiquant avec confiance dans le Christ, qui a déjà mené et gagné ce combat, et dans l'Esprit qui nous donne la force. Car sans lui, sans Dieu, nous ne pouvons rien faire, ou si peu.

« L'Esprit Saint vient au secours de notre faiblesse, car nous ne savons pas prier comme il faut. L'Esprit lui-même intercède pour nous par des gémissements inexprimables. Et Dieu, qui scrute les cœurs, connaît les intentions de l'Esprit puisque c'est selon Dieu que l'Esprit intercède pour les fidèles. » C'est ce que nous rappelle saint Paul dans l'épître aux Romains. Le huitième chapitre, que nous lisons cette année entre les dimanches 5 juillet et 2 août, est le cœur de la lettre, tout entier consacré à l'Esprit Saint. Cet enseignement est à rapprocher et à comparer avec celui de l'Évangile de Jean dans ses quatorzième et seizième chapitres notamment. L'esprit est notre force, notre mémoire, il agit en nous, il est celui qui met en relation, qui prépare. Il mène vers la vérité et rend libre (*cf.* Jean 8, 32). Ne craignons pas de l'invoquer, de le « consulter », de « nous laisser » à lui, pour reprendre l'expression de Jean-Jacques Olier (1608-1657).

La première lecture, le Livre de la Sagesse, résume bien la situation : « Mais toi qui disposes de la force, tu juges avec indulgence, tu nous gouvernes avec beaucoup de ménagement, car tu n'as qu'à vouloir pour exercer ta puissance. Par ton exemple tu as enseigné à ton peuple que le juste doit être humain ; à tes fils tu as donné une belle espérance : après la faute tu accordes la conversion. » Nous retrouvons une présentation de Dieu à l'origine de toute chose, tout-puissant et, par cette capacité, tout empli d'amour pour sa Création. Le Livre de la Sagesse, quelques centaines d'années avant la naissance du Christ, est une belle méditation sur la grandeur et la bonté de Dieu, méditation sur la condition de l'homme dans la Création : autant de réalités à redécouvrir, qui ne sont pas forcément contradictoires. Après la faute, la conversion ? Oui, la conversion, elle est la condition d'un véritable pardon, le gage d'un véritable renouvellement, la preuve d'une authentique réconciliation avec Dieu, avec ses frères et avec l'Eglise. Pour nous chrétiens, il s'agit de « raviver le don reçu » (*cf.* 2 Timothée 6), la grâce du baptême, de vivre de manière à être dignes du nom de chrétiens, car, par le baptême, nous appartenons au Christ, ce qui conditionne nos attitudes, nos paroles, nos choix. Y pensons-nous ?

Le psaume 85 est dans cette même logique : faisons nôtre cette prière du peuple de Dieu, dont un verset, absent de notre louange ce matin, a cette belle demande : « Montre-moi ton chemin, Seigneur, que je marche suivant ta vérité ; unifie mon cœur pour qu'il craigne ton nom. » [Craindre, au sens de reconnaître la grandeur, d'adorer, de vénérer, ou, pour prendre un terme – hélas – un peu vieilli aujourd'hui : révérer.] Pourquoi ne pas reprendre aussi la belle prière du jeune Salomon qui inaugure son règne : « Donne à ton serviteur un cœur attentif pour qu'il sache gouverner ton peuple et discerner le bien et le mal » (1 Rois 3, 9) ? Dans ces deux exemples, il est demandé au Seigneur une aide. La seule condition, pour celui qui formule la demande est la disponibilité, la capacité à recevoir de Dieu.

La conversion est au cœur de notre foi, nous la retrouvons tout au long de notre vie. Pensons à celle, toute simple, d'Émilie de Vialar lors d'une mission prêchée à Gaillac : elle a douze ans et décide de ne plus jamais mentir. Nous n'avons pas tous la grâce de la fulgurance ou de l'évidence des conversions de Charles de Foucauld, Paul Claudel, André Frossard ou Maurice Clavel pour n'en citer que quelques-uns. Comme eux, nous sommes faits de bon grain et d'ivraie, comme eux, nous sommes incapables de les séparer, c'est là une partie du travail que l'Esprit opère en nous, pourvu que nous consentions à le laisser faire, et c'est là qu'ils nous devancent.

Demandons, comme dans la prière d'ouverture, davantage de foi, d'espérance et de charité, c'est-à-dire la capacité à garder la bonne direction, la force de patienter en sachant bien qu'à l'horizon se trouve la victoire, le réalisme en cette vie, envers nous-mêmes et envers nos frères ! « Convertis-toi et crois à l'Évangile », nous dit-on le Mercredi des Cendres. Cette parole, nous pouvons l'entendre tout au long de notre vie. La conversion est au cœur de l'existence du chrétien.

J'ose penser qu'Eugénie et Maurice en ont fait l'expérience, différemment. Le frère a peut-être davantage eu l'expérience « romantique » à un moment de sa vie puis est revenu peu à peu à davantage de sérénité, alors que la sœur a vécu le quotidien, l'expérience patiente, au jour le jour, avec une confiance mêlée d'inquiétude. C'est une simple intuition personnelle que j'évoque là, une image pour montrer le contraste entre eux deux et la similitude d'une expérience, la conversion, l'approfondissement de cette même expérience par deux tempéraments différents issus d'une même famille. Je laisse les experts, dont je ne suis pas, en juger, autant que la faiblesse humaine le permet.

Le professeur Marc Fumaroli qui est mort récemment, le 24 juin dernier, âgé de 88 ans, avait donné en son temps une belle et érudite préface au recueil *Poésie* de Maurice de Guérin. Il a éclairé avec intelligence notre manière de lire les classiques. Fascinante était sa culture, par son étendue qui ne se limitait pas à la littérature ni à une époque ; il travaillait avec acribie et ne craignait pas le débat voire la polémique. Je ne l'ai connu que par ses écrits, aujourd'hui, avec vous, j'implore le Seigneur, qu'Il l'accueille comme un serviteur de l'intelligence en quête de la vérité, comme le furent Eugénie et Maurice, comme nous le sommes, nous aussi.

Amen

Jean-Claude FERRET

ÉLOQUENCE DES EAUX,
OU KALÉIDOSCOPE AQUATIQUE

De la source d'Onelle à l'Atlantique

> Mon destin s'incline vers la plage.
> Maurice DE GUÉRIN, *Glaucus*

> L'eau des mots se donne en silence.
> Jean-Gabriel COSCULLUELA, *Buée*

En préambule, il ne me semble pas complètement inutile de confier ceci : j'aime profondément le Cayla ; j'entretiens avec ce lieu admirable un rapport singulier, *inspirant* si j'ose dire. Je ne saurais mieux dire à ce sujet que le philosophe Roger Munier qui assure : « *Le lieu n'est pas chose qu'on admire, il est ce qui nous parle*[1]. »

INTRODUCTION

Il s'agit pour nous de proposer une promenade à fleur d'eau en compagnie d'un jeune homme discret au point de détruire le peu qu'il avait écrit ...

Guérin, orphelin d'un espace qui pût être sien – Le Cayla excepté où il n'est pas – s'accorde d'abord au silence ; autrement dit : il ne saurait habiter que le silence, avec au fond de lui cette peur de troubler les prémisses d'une harmonie...

Citons-le :

---

1   Roger Munier, *Si j'habite*, Paris, Fata Morgana, 1994, p. 19.

> Le silence m'enveloppe, tout aspire au repos, excepté ma plume qui trouble
> peut-être le sommeil de quelque atome vivant, endormi dans les plis de mon
> cahier, car elle fait son petit bruit en écrivant ces vaines pensées. Et alors,
> qu'elle cesse, car ce que j'écris, ce que j'ai écrit et ce que j'écrirai ne vaudra
> jamais le sommeil d'un atome[2].

Beaucoup de choses découlent de cette réflexion d'un poète naissant de 24 ans... Rien d'étonnant s'il se prit d'un amour profond pour l'eau sous toutes ses formes et singulièrement pour l'Océan découvert en Bretagne à La Chênaie d'abord auprès de Lamennais, puis chez le jeune couple La Morvonnais au Val d'Arguenon...

J'ai souhaité laisser ici le plus souvent possible la parole à Guérin lui-même pour guetter dans ce dire rare les mythologies qui se tissent, les accents venus du romantisme et ces saillies qui nous projettent dans un devenir que combleront des poètes majeurs plus tard, en aval de ces mots prémonitoires... Au risque de n'être pas totalement fidèle à l'invite et au sujet annoncé... Au risque – assumé – de flâner en digressions pour paradoxalement revenir à ce qui nous recentre ! Et pour l'inscrire résolument dans le romantisme européen où sa place n'est pas négligeable, annonciatrice qu'elle est d'autres voix...

L'Eau donc, mythologie des eaux...

Le *Noun* de l'Égypte antique, l'Océan primordial et le père des dieux...

L'eau à la fois silence et bruit ; c'est l'ailleurs, l'offrande magique, lustrale ; l'eau baptismale ; l'autre patrie, celle d'avant la naissance ; la demeure à laquelle le poète aspire et ne peut accéder ; d'où son exil, sa nostalgie d'une patrie modulable, fluide, qui se plierait à sa volonté, à sa parole. Lui permettrait de se retrouver lui-même dans une sorte d'introspection sous-marine...

Dans les *Confessions*, Rousseau proclame sans surprise quand on connaît sa dilection pour les lacs : « J'ai toujours aimé l'eau passionnément, et sa vue me jette dans une rêverie délicieuse[3] [...]. »

Quelques décennies plus tard, Maurice de Guérin lui répond sur le même ton dans son *Cahier vert* : « La vue des eaux me charme toujours infiniment[4]. » Même si, avec Guérin, il faut faire la part entre les eaux

---

2   *Le Cahier vert*, 20 janvier 1834, in Maurice de Guérin, *Œuvres complètes*, éd. de Marie-Catherine Huet-Brichard, Paris, Garnier, 2012, p. 91. Toutes les citations de Maurice de Guérin renvoient à cette édition.
3   Jean-Jacques Rousseau, *Les Confessions*, IIe partie, Livre XII.
4   Maurice de Guérin, *Le Cahier vert*, 24 octobre 1833, p. 77.

réelles et les eaux mythologiques, du moins celles de sa mythologie personnelle. Sans parler des êtres fabuleux venus d'une antiquité rêvée, de l'ambivalente bacchante au naufrageur Glaucus…

Mais, dira-t-on, la vue des eaux a toujours plus ou moins charmé les hommes et l'époque romantique n'aura fait qu'affermir cette tension forte vers l'élément liquide. Il est donc temps de se laisser guider par Guérin en écoutant d'abord Barbey d'Aurevilly dans une de ces envolées dont il a le secret ; la lettre est adressée à Trebutien : « Oui mon ami, j'éditerai Guérin et j'écrirai sa vie, sa vie de plongeur sous la cloche de cristal, à ce sublime pêcheur des plus belles perles qui aient jamais été tirées du fond des mers[5] ! » Barbey ici, s'est sans doute souvenu d'une lettre de Guérin écrite six ans plus tôt et qui disait ceci : « Je ne tirerai jamais rien de bon de ce maudit cerveau où cependant, j'en suis bien sûr, loge quelque chose qui n'est pas sans prix. C'est la destinée de la perle dans l'huître au fond de l'océan. Combien et de la plus belle eau qui ne seront jamais tirées à la lumière[6] ! »

Voilà qui donne le ton et ne manquera pas de baigner ce peu d'écrits que Guérin a consenti à nous laisser.

SOURCES ET MYTHOLOGIE

Reprenons à présent l'eau de ce miroir guérinien là où notre peu disert poète nous le tend et qui résume notre sujet : « …les eaux […] possèdent une échelle de voix d'une étendue si démesurée, à partir du bruissement d'une fontaine dans la mousse jusqu'aux immenses harmonies de l'océan[7]. » Nous y sommes !

Une petite fontaine, à peine une source et la voix pour la première fois trouve ses mots à l'entour d'un amour contrarié dans ce petit dizain initiatique apprécié aussi bien de George Sand, de Barbey que de Jean Mistler, l'Académicien de Sorèze :

> Les siècles ont creusé dans la roche vieillie
> Des creux où vont dormir des gouttes d'eau de pluie ;

---

5   Jules Barbey d'Aurevilly, *Lettres à Trebutien*, éd. de Philippe Berthier, Paris, Bartillat, 2013, janvier 1844, p. 132.
6   Maurice de Guérin, Lettre à Jules Barbey d'Aurevilly, 22 mai 1838, p. 960.
7   Maurice de Guérin, *Le Cahier vert*, 21 décembre 1833, p. 85.

Et l'oiseau voyageur qui s'y pose le soir
Plonge son bec avide en ce pur réservoir.
Ici, je viens pleurer sur la roche d'Onelle
De mon premier amour l'illusion cruelle ;
Ici, mon cœur souffrant en pleurs vient s'épancher…
Mes pleurs vont s'amasser dans le creux du rocher…
Si vous passez ici, colombes passagères,
Gardez-vous de ces eaux : les larmes sont amères[8].

Mythologie oblige, observons au passage que « les sources amères » proviennent des « larmes des fées » (on se réfère ici à Édouard Brasey, auteur de *Sirènes et Ondines*).

De Louise de Bayne, fiancée en rêve, dédicataire de *La Roche d'Onelle* il écrivait à peu près au même moment :

C'était une eau pleine de transparence
Où se miraient nos regards consolés
[…]
Soyez bénis mes trois ans d'espérance,
Et vous pleurez, ô mes yeux désolés[9] !

Observons une première halte mythologique. Guérin, à l'instar de Chénier – qu'il admire tout comme La Morvonnais son ami breton – n'est pas avare en ce registre. Jean-Luc Steinmetz a eu à son propos l'expression très significative « un univers panthéiste et panique[10] » (en contradiction avec le catholicisme professé) :

Nymphes, divinités dont le pouvoir conduit
Les racines des bois et le cours des fontaines,
Qui nourrissez les airs de fécondes haleines,
Et des sources que Pan entretient toujours pleines
Aux champs menez la vie à grands flots et sans bruit,
Comme la nuit répand le sommeil dans nos veines,
Dieux des monts et des bois, dieux nommés ou cachés,
De qui le charme vient à tous lieux solitaires,
Et toi, dieu des bergers à ces lieux attachés,
Pan, qui dans les forêts m'entrouvris tes mystères :
Vous tous, dieux de ma vie et que j'ai tant aimés,
De vos bienfaits en moi réveillez la mémoire[11] […].

8   Maurice de Guérin, « Les siècles ont creusé dans la roche vieillie », p. 220.
9   Maurice de Guérin, « Trois ans bientôt, un rêve aux blanches ailes », p. 222.
10 Jean-Luc Steinmetz, « Maurice de Guérin – Hölderlin, réfléchissements », in *L'Amitié Guérinienne* n° 190, juin 2011.
11 Maurice de Guérin, « Glaucus », p. 347.

On retrouve encore les nymphes dans *La Bacchante* : « Les nymphes qui règnent dans les forêts, disait-elle, se plaisent à exciter, sur le rivage des bois, des parfums ou des chants si doux que le passant rompt son chemin et s'induit pour les suivre au plus obscur de ces retraites[12]. »

À l'opposé du modeste creux (*La Roche d'Onelle*), l'admirable prose du *Centaure* nous gratifie d'une mythologie magique que n'eût pas reniée Chénier : « On dit que les dieux marins quittent durant les ombres leurs palais profonds, et, s'asseyant sur les promontoires, étendent leurs regards sur les flots. Ainsi je veillais ayant à mes pieds une étendue de vie semblable à la mer assoupie. Rendu à l'existence distincte et pleine, il me paraissait que je sortais de naître, et que des eaux profondes et qui m'avaient conçu dans leur sein venaient de me laisser sur le haut de la montagne, comme un dauphin oublié sur les sirtes par les flots d'Amphitrite[13]. »

Ouvrons à cette évocation une seconde parenthèse mythologique.

La déesse Amphitrite (fille de Nérée/Oceanus et Doris), personnage généralement tenu pour secondaire dans la mythologie gréco-latine, n'en occupe pas moins une place éminente dans la littérature et les arts. Cette néréide d'une grande beauté s'était promis de rester absolument chaste et de ne jamais prendre époux. Or, le dieu des mers la remarque au cours d'une danse sur la grève dans l'île de Naxos avec ses sœurs néréides et en devient éperdument amoureux.

Poursuivie dès lors par un Neptune concupiscent, elle finit par céder aux objurgations de Delphinus alors qu'elle s'était réfugiée près d'Atlas. Devenue l'épouse du dieu de la mer, Amphitrite aura divers enfants étranges, notamment les Tritons et les Harpies au rang desquelles Aëllo[14], Céléno, etc.

Elle a – entre autres – la réputation de calmer d'un seul regard la fureur des flots ou le souffle des vents ; quiconque croise son regard peut par ailleurs en devenir définitivement captif et se perdre à jamais...

Elle est parfois représentée sous forme de sirène.

Dans ce contexte gréco-latin, sous l'influence de Bacchus, l'Océan est ivre. Citons *La Bacchante* : « Son souffle toujours renouvelé court par toute la terre, nourrit aux extrémités l'ivresse éternelle de l'Océan, et poussé dans l'air divin, il agite les astres qui se décrivent sans cesse autour du pôle ténébreux[15]. » « La relation entre le dieu et

---

12   Maurice de Guérin, « La Bacchante », p. 338.
13   Maurice de Guérin, « Le Centaure », p. 331.
14   La Grande Bacchante initiatrice dans l'œuvre éponyme de Guérin.
15   Maurice de Guérin, « La Bacchante », p. 338.

son fidèle – note Marie-Catherine Huet-Brichard – est une relation de désir[16]. »

Et à ce propos, je ne vois pas parole plus éclairante s'agissant d'un poète fondamentalement inquiet que cette parole de Kierkegaard : « [...] à la base de la vie du poète, il y a en réalité le désespoir de ne pouvoir devenir ce qu'il désire ; et ce désespoir engendre le désir [...] le désir est la consolation qu'invente la désolation[17]. »

Mais arrivons-en à l'océan...

MAGIE NEUVE DE L'OCÉAN

Car il y a une fascination de l'océan chez Guérin ; la communion (romantique !) avec le paysage opère à plein ; son voyage en Bretagne est une vraie révélation et un homme aussi ancré en terre celte qu'Anatole Le Braz ne s'y trompe pas qui n'est pas loin de faire de Guérin un compatriote, un poète breton...

Des propos corroborés par Charles Le Goffic autre écrivain breton : « La mer bretonne fut pour lui [Guérin] une éducatrice latine. Il l'aima non pour ses colères et son écume [...] mais pour sa majesté, sa fécondité, son eurythmie, la puissance d'organisation qu'il devinait en elle [...] il aspire à se fondre en elle[18]. » Il n'est évidemment pas indifférent d'écouter la voix du poète lui-même : « Hier le vent d'ouest soufflait avec furie. J'ai vu l'océan agité, mais ce désordre, quelque sublime qu'il soit, est loin de valoir à mon gré le spectacle de la mer sereine et bleue. » Et de conclure : « mon âme se complaît mieux dans la sérénité que dans l'orage[19]. » On est loin du romantisme échevelé de Chateaubriand comme le remarque Claude Gély ! (Songeons aussi bien à Hugo qu'à Byron ou Coleridge que Guérin avait lus...)

L'un des plus lucides lecteurs de Guérin, Jean-Pierre Richard, observe avec cette acuité qui lui est propre : « [...] il se donne pour modèle le plus fréquent l'eau, ou plutôt les eaux, les eaux vivantes. Il y a chez Guérin

---

16 Marie-Catherine Huet-Brichard, *Dionysos et les Bacchantes*, Monaco, Éditions du Rocher, 2007, p. 101.
17 Sören Kierkegaard, *Le Lys des champs et l'Oiseau du ciel, Premier discours*, in *Œuvres*, vol. II, Paris, Gallimard, « Bibliothèque de La Pléiade », NRF, 2018, p. 708.
18 Charles Le Goffic, *L'Âme bretonne*, vol. IV, Paris, Champion, 1924, p. 147.
19 Maurice de Guérin, *Le Cahier vert*, 8 décembre 1833, p. 80.

une omniprésence véritablement obsessionnelle du liquide[20]. » Albert Béguin le dit « porté par les vagues qui sont en lui[21] » et Claude Gély souligne : « La poétique guérinienne est une poétique des eaux vives[22]. »

Ceci est vrai, mais à l'opposé de cette fraîcheur vivifiante, on trouve ce trait sombre dans Le Cahier vert : « Il y a au fond de moi je ne sais quelles eaux mortes et mortelles comme cet étang profond où périt Sténio le poète[23]. » Allusion au roman de George Sand Lélia. Ces « eaux mortes » sont des « eaux dormantes », suggère Bachelard dans L'Eau et les Rêves...

Il serait toutefois malvenu de laisser d'autres voix capter celle de Guérin si rare et si pure dans sa fraîcheur... (Il est alors à La Chênaie chez Lamennais).

Voici sa découverte de l'Atlantique, rencontre tant attendue...

« Enfin, j'ai vu l'Océan. C. [Cazalès] et moi nous sommes mis en route jeudi, à une heure, par un beau temps, et un vent frais. Nous avions sept lieues à faire, mais nous étions tellement ravis de nous voir en marche vers la mer que nous avions peu de souci de la longueur du chemin[24]. » Guérin s'extasie avec son ami devant la nature et son immensité, puis sur les vaisseaux devant Saint-Malo qui ne sont pas sans faire songer à ceux que peignait le grand peintre romantique allemand Caspar David Friedrich... « Ce qui me frappa d'abord, ce fut une rangée de vaisseaux dont les corps énormes présentaient un front noir et de formes à peine saisissables dans l'ombre, mais dont la mâture et les cordages s'élevant dans le ciel dessinaient comme des broderies dans la lumière vespérale[25]. »

On notera l'enthousiasme presque enfantin du jeune homme qui consigne dans la foulée : « [...] pour la première fois de ma vie, je m'endormis ayant l'océan à deux cents pas de mon lit et sous le charme de la grande merveille. Le lendemain, vite à la mer[26]. »

Dans une lettre à sa sœur Eugénie, il confirme : « Le lendemain, à la pointe de l'aube, nous étions sur la grève, regardant les flots sans rien dire [...][27]. »

---

20 Jean-Pierre Richard, Études sur le romantisme, Paris, Éditions du Seuil, 1970, p. 217.
21 Albert Béguin, L'Âme romantique et le Rêve, Paris, José Corti, 1939, p. 347.
22 Claude Gély, « Moïse, Charon, Glaucus, l'eau et les rêves dans Le Cahier vert » in Maurice de Guérin et le Romantisme, éd. Marie-Catherine Huet-Brichard, Toulouse, PUM, 2000, p. 22.
23 Maurice de Guérin, Le Cahier vert, 12 juin 1835, p. 128 (on notera l'allusion à Lélia de George Sand).
24 Maurice de Guérin, Le Cahier vert, 15 avril 1833, p. 58.
25 Ibid., p. 59-60.
26 Ibid., p. 60.
27 Maurice de Guérin, Lettre à Eugénie de Guérin, 29 avril 1833, p. 603.

Le silence, cette constante guérinienne (lui qui chérissait le dieu Harpocrate le doigt sur la bouche) ne va pas sans un vagabondage de la pensée où affleurent les lectures du temps :

> L'âme ne suffit pas à ce spectacle, elle s'effare à cette grande apparition, et ne sait plus où elle va. Je me souviens pourtant que j'ai pensé d'abord à Dieu, puis au Déluge, à Colomb, aux continents par delà l'abîme, aux naufrages, aux combats de mer, à Byron, à René qui s'embarqua à St Malo et qui emporté sur ces mêmes flots que je contemplais attachait ses regards à la lucarne grillée où luisait la lampe de la religieuse[28].

Hölderlin dans un hymne lacunaire intitulé précisément *Colomb* se voyait un « héros de la mer »…Dans ce même poème, Hölderlin évoque Chiron (Centaure fils de Cronos et d'une nymphe) comme Guérin dans *Le Centaure*. Pour ce qui est de l'immensité dépeinte par Guérin, on se référera à un expert en matière de sublime (Edmund Burke) qui confirme : « La grandeur peut difficilement frapper l'esprit, si elle ne se rapproche pas en quelque sorte de l'infini. »

LES OCÉANS EN SOI RETIRANT LEUR ORGUEIL[29]…

La critique guérinienne, n'a, semble-t-il, pas remarqué[30] – dans *Le Centaure* et la *Méditation sur la mort de Marie* principalement – cet univers marin battu de vagues qui tutoie plus qu'il n'annonce Lautréamont. Rappelons le passage des *Chants de Maldoror* « Vieil océan aux vagues de cristal […] Je te salue vieil océan ! »

La première émergence en notre langue du « vieil Océan[31] » dans *Le Centaure* ouvre sans conteste les portes salines qui conduisent à *Maldoror*…

Mais écoutons d'abord le déploiement fastueux de la parole guérinienne :

---

28 Maurice de Guérin, *Le Cahier vert*, 15 avril 1833, p. 60. Maurice de Guérin est alors à La Chênaie, chez Lamennais.
29 Maurice de Guérin, « La Délivrande », p. 350.
30 À l'exception de Claude Dourguin (*Le grand Pan n'est pas mort*, Nancy, Isolato, 2010) et de Jean-Luc Steinmetz.
31 Byron le devance toutefois (Chant IV du *Pèlerinage de Childe Harold*), dans un passage qui a pu inspirer aussi bien Guérin que Ducasse…

Ô Macarée, me dit un jour le grand Chiron dont je suivais la vieillesse, nous sommes tous deux centaures des montagnes ; mais que nos pratiques sont opposées ! Vous le voyez, tous les soins de mes journées consistent dans la recherche des plantes, et vous, vous êtes semblable à ces mortels qui ont recueilli sur les eaux ou dans les bois et porté à leurs lèvres quelques fragments du chalumeau rompu par le dieu Pan. Dès lors ces mortels, ayant respiré dans ces débris du dieu un esprit sauvage ou peut-être gagné quelque fureur secrète, entrent dans les déserts, se plongent aux forêts, côtoient les eaux, se mêlent aux montagnes, inquiets et portés d'un dessein inconnu. Les cavales animées par les vents dans la Scythie la plus lointaine, ne sont ni plus farouches que vous, ni plus tristes le soir, quand l'Aquilon s'est retiré. Cherchez-vous les dieux, ô Macarée, et d'où sont issus les hommes, les animaux et les principes du feu universel ? Mais le vieil Océan, père de toutes choses, retient en lui-même ces secrets, et les nymphes qui l'entourent décrivent en chantant un chœur éternel devant lui, pour couvrir ce qui pourrait s'évader de ses lèvres entr'ouvertes par le sommeil. Les mortels qui touchèrent les dieux par leur vertu, ont reçu de leurs mains des lyres pour charmer les peuples, ou des semences nouvelles pour les enrichir, mais rien de leur bouche inexorable[32].

Ce qui me frappe plus encore ici que ce « vieil Océan » qu'on retrouvera bientôt un peu partout, c'est l'avènement d'une *parole muette*, d'un dire du silence, non-proféré parce qu'impossible. N'oublions pas au passage que Maurice de Guérin a voulu tout détruire de ce qu'il avait écrit ; son œuvre est une œuvre rescapée en somme, « arrachée au néant et à la destruction » comme l'écrit Marie-Catherine Huet-Brichard.

Privée de tout secours, même mythologique, la parole de Lautréamont navigue quant à elle de la petitesse humaine à l'infinie grandeur de l'océan qui déploie « la solitude solennelle de [ses] royaumes flegmatiques ». Quelques décennies seulement se sont écoulées mais Poséidon a depuis bien longtemps déserté ces rivages et les nymphes ont été emportées par les vagues...

Comme il nous échappe de son côté, cet improbable *Centaure* venu d'un passé révolu ! Sa cavalcade fustige et révoque le temps borné.

Étonnant surgissement entre deux mondes, entre deux éléments. L'eau, la terre. Ailleurs : la lumière et le vent. Guérin participe de cette alchimie primordiale qui l'éloigne encore un peu plus de ses prosaïques contemporains pour nous léguer une image aussi complexe que floue...

Hölderlin, Lautréamont... On ne peut s'arrêter là

Dans *Le Cahier vert*, Guérin écrit ; « Ce qu'il y a de philosophie et de raison pratique dans mon âme gémit et souffre. Comme un bâtiment

---

32 Maurice de Guérin, « Le Centaure », p. 332-333.

qui a mis dehors trop de voiles, je tiens une course folle et aveugle à travers la vie, essuyant à toute heure les avaries les plus cruelles[33]. »

Au diable, s'il n'y a pas ici quelque prémisse du fameux *Bateau ivre* ? Rien de neuf au demeurant : Claude Gély l'a remarqué bien avant nous...

PASSAGE DE L'INITIATRICE

Sa liberté effarée lui a été transmise dans un moment de communion comme la vie en réserve peu, et c'est Marie de La Morvonnais qui en a été l'initiatrice inspirée par-delà sa vie et jusque dans sa mort même...

Marie-Catherine Huet-Brichard dit nettement : « Avec Marie pour guide, le poète entreprend un voyage sacré qui s'apparente à un pèlerinage, et qui exige de sa part une recherche active, une découverte des "traces" ou "empreintes" laissées par celle qui n'est plus là[34]. »

L'itinéraire initiatique conduit – ou peut conduire – à la poursuite du secret des dieux.

Quelque chose d'indicible une fois de plus pour le poète du silence qui ne livrera que les traces d'un effacement sur le sable une fois *la mer retirée*...

Mais ailleurs, « Un jour, vous me prîtes le long de la mer...l'eau et la lumière qui se pénètrent avec tant d'amour[35]... » Loin de lire ici un quelconque accomplissement charnel avec Marie de La Morvonnais, amante fugitive qu'il aima à sa manière et qui l'aimait sans doute en retour, nous ne pouvons nous empêcher dans ces noces de feu et d'eau de saluer « QUOI ? L'éternité. / C'est la mer allée / Avec le soleil »... Franc Ducros voit ici « un rythme propre qui ressuscite l'alternance empédocléenne d'union et de séparation[36]. » Voilà des noces dignes de Maurice l'hermaphrodite dépeint par Barbey en phrases coruscantes comme lui seul sait en écrire... « Guérin était une sorte d'hermaphrodite intellectuel, son génie n'avait pas de sexe comme le génie de sa sœur. Il n'était jamais mâle ; mais il n'était jamais efféminé non plus. C'était

33 Maurice de Guérin, *Le Cahier vert*, 10 décembre 1834, p. 115.
34 Marie-Catherine Huet-Brichard, *Maurice de Guérin*, Paris, Honoré Champion, 1998, p. 85.
35 Maurice de Guérin, « Pages sans titre », p. 323.
36 Franc Ducros, *Lectures poétiques*, Nîmes, Champ social Éditions, collection Théétète, 2006, p. 105.

quelque chose de neutre, de sublime comme l'Ange du catholicisme ou l'Androgyne de Platon… »

Écoutons la suite du grand réquisitoire de Barbey sous les lambris et les ors d'un style inégalable :

> [...] toutes ces belles et charmantes créatures n'ont été pour lui que matière à rêverie, fuseaux et rouets d'ivoire sur lesquels il filait son fil de poésie, et encore, son plus mauvais fil ! Mon cher Trebutien, un coup de vent dans les cheveux d'écume d'une vague échevelée, une tête de sphinx dans un angle obscur du Musée Égyptien, un lointain bleu, une symphonie comme la Symphonie en Ut, quelques vers de La Fontaine et de Virgile, un verre de vin du Rhin, dans sa coupe verte, mystérieuse et sans pied comme une corne d'abondance, des parfums scellés dans un flacon et qui lui apportaient, dans leur odeur, les pays qu'il n'avait pas vus, ma conversation après minuit et n'importe où, votre amitié, voilà ce qui effaçait sur l'âme de Guérin toutes les formes de femmes, les Rêves des Rêves de sa jeunesse, comme eût dit Pindare ! Voilà les vrais, les profonds et les seuls amours de sa vie !

Au terme de cette haletante missive à Trebutien, Barbey consigne avec dans la voix comme l'ombre d'un remords :

> Mme La Morvonnais appuyée contre son cœur dans le silence du Val de l'Arguenon et de cette vie d'intimité et de famille, n'y fit pas plus de bruit que certaines conques, trouvées sur les bords de la mer, ne font de bruit à nos oreilles. C'est doux, vague, lointain. Ce n'est pas même un bruit. C'est une somnolence de bruit qui s'endort…Non, je ne crois pas plus à Mme La Morvonnais qu'à une autre, mais j'avoue bien, qu'à certaines tendresses de touche, s'il ne s'agissait pas d'un Génie vierge comme Ariel, s'il ne s'agissait pas de Guérin, on pourrait s'y tromper[37].

C'est ce jeune Tarnais pusillanime, en proie au doute, qui proclame pourtant – presque paradoxalement si l'on se réfère au silence écrit (« chaque mot reste chargé de silence intérieur » dit de lui François Mauriac[38]) : « Je dois tout à la poésie[39] » et se demande non sans hauteur : « Chaque année emporte ses solennités : quand donc viendra la fête éternelle[40] ? »

Presque à la même époque, un grand poète suédois, Stagnelius, mort lui-aussi avant trente ans, s'exclame : « À quand le Mai d'Éden ? »

---

37 Jules Barbey d'Aurevilly, *Lettres à Trebutien*, 4 octobre 1854, *op. cit.*, p. 740-741.
38 François Mauriac, *Mémoires intérieurs*, Paris, Flammarion, 1985, p. 104.
39 Maurice de Guérin, *Le Cahier vert*, 13 août 1832, p. 39.
40 Maurice de Guérin, *Le Cahier vert*, 10 avril 1833, p. 56.

Voilà qui suffirait à inscrire Guérin dans le mouvement romantique européen qui enveloppe toute son œuvre, le peu qui en tient lieu et qui nous est parvenu…

Justement, examinons les poèmes versifiés (notamment ceux datés de 1833 et 1834) peu connus et très sous-estimés ; ils nous bercent d'une musique océane inaccoutumée chez Guérin dans cet exercice prosodique :

> Nos regards sont allés chercher dans le lointain
> Des promontoires bleus le spectacle divin.
> Merveilleuse beauté d'une côte arrondie
> Qui se plonge avec grâce dans la mer aplanie,
> Ô caps voluptueux qui courez mollement
> Vous plonger tout du long dans l'humide élément,
> Des bords capricieux charmantes découpures
> Qui de mille flots clairs recelez les murmures,
> Dans le bain orageux où le ciel t'a jeté,
> Roc plongeant ta sauvage et sainte nudité,
> Qu'il est doux de vous voir au lointain d'une lieue
> Quand l'océan vous peint de son haleine bleue[41]…

Le poème se poursuit ainsi :

> Mon esprit s'abandonne à ces routes divines
> Qui le mènent tout droit aux troupes chérubines ;
> Soit qu'entendant gronder au-dehors le grand bruit
> Du rêveur Océan qui parle dans la nuit,
> J'aille prêter l'oreille à son beau monologue
> Et que suivant dans l'air sa parole qui vogue,
> Je découvre qu'il parle à Dieu qui l'a dompté
> Et qu'il tient dialogue avec l'éternité[42].

Nous voilà face à un *Océan* personnalisé (on notera la majuscule d'Océan et « sa parole qui vogue ») et créature chrétienne de surcroît (« il parle à Dieu »)… On pourrait multiplier les allusions à l'océan de cette période bretonne.

Nous nous en tiendrons à quelques extraits : l'Océan se fait tour à tour musicien – « Le flot chantant » (in *Le Château d'armes et le manoir*) –, entremetteur des règnes et des éléments – « une aile qui nage dans le vague des airs » (in *Une soirée avant la dispersion*) –, passager éphémère presque clandestin au rythme des marées –« Le divin océan avait quitté

---

41   Maurice de Guérin, « [Un dimanche soir aux grèves de Bretagne] », 18 novembre 1833, p. 273.
42   *Ibid.*, p. 273-274.

ses grèves » (in *Les Bords de l'Arguenon, paysage*), ou simple murmure – « océaniques rumeurs » (in *L'Anse des Dames*).

Remarquons au passage l'attirance de Guérin pour le château ruiné du Guildo près de Dinan (personnalisé lui-aussi en vieillard) qui épouse le rythme des vagues furieuses et des marées…Vrai paysage de roman *gothique*, fort en vogue en ces années…

> Le castel pendant en ruine,
> […]
> Comme un géant assis au rivage des mers
> Et lavant sans relâche avec les flots amers
>   Sa large et cruelle blessure,
> Le Château fort dans l'eau plonge ses pieds noircis
> Et semble en son front noir bercer ses noirs soucis
>   Aux accords du flot qui murmure[43].

C'est en prose qu'il fait la louange de celui de Josselin dans le Morbihan… « un de ces rêves du Moyen-Âge brodés en l'air sur la pierre avec la délicatesse de l'aiguille des fées[44]. »

L'Océan qui parle et console, on le retrouve dans *Le Cahier vert* : « Les vents se taisent, et l'océan paisible ne m'envoie, quand je vais l'écouter sur le seuil de la porte, qu'un murmure mélodieux qui s'épanche dans l'âme comme une belle vague sur la grève[45]. »

VERS L'ORIENT, VERS L'AILLEURS

Il y a aussi ce long poème fort inégal de facture (*Entretien*, daté de 1834 et dédié à Hippolyte de La Morvonnais) qui brigue dans ses plus belles cadences un Orient, autre séjour d'un ailleurs dont les flots et la mer ne sont pas absents :

> […] Oh ! dis quand tu verrais
> Des villes aux cent tours, des cèdres, les cyprès
> Qui font au vieux Liban une triple couronne.
> […]

---

43 Maurice de Guérin [Le château d'armes et le manoir], 19 novembre 1833, p. 275.
44 Maurice de Guérin, *Le Cahier vert*, 4 octobre 1833, p. 75.
45 Maurice de Guérin, *Le Cahier vert*, 20 janvier 1834, p. 91.

> Des femmes aux yeux noirs aux paupières arquées
> Qui restent à prier la nuit dans les mosquées
> [...]
> Quand près de la Mer Morte au pied d'un palmier maure
> Ton âme irait errer aux lieux où fut Gomorrhe
> [...]
> Quand tu verrais des yeux et non plus en idée
> Des cités de géants, des tours de cent coudées,
> Des vierges d'Orient aux tuniques de lin...

Et Guérin d'interroger – « [...] aurais-tu vécu plus ? » – avant de retrouver la mer et ses sortilèges :

> L'homme dans ces jours-ci ne peut demander plus[46]
> Des jours sereins et purs, le flux et le reflux
> De ta mer aux flots bleus, un ciel brillant, des plages
> Où les poissons dorés laissent leurs coquillages
> Une femme qui chante [...][47]

Cet orientalisme ne saurait être accidentel ou fortuit puisqu'il reparaît dans le quasi dernier poème de Guérin, le très beau *La Délivrande* (une chapelle de la Manche) :

> [...] – On a vu des sultanes
> Des filles d'Orient se mettre en caravanes
> Touchant en grand silence, et tous leurs fronts couverts,
> Ces montures qui vont franchissant les déserts[48].

L'Orient légendaire s'immisce jusque dans *Le Cahier vert* : « On eût dit, à voir bondir les vagues, ces innombrables cavaleries de Tartares qui galopent sans cesse dans les plaines de l'Asie[49]. » ainsi que dans un poème de jeunesse écrit alors qu'il a tout juste 20 ans, *Bal, promenade et rêverie à Smyrne*, où est évoqué un assez improbable *harem*...

Rappelons que *Les Orientales* de Victor Hugo ont été publiées en 1829...

Maurice l'errant inquiet et malhabile va en des lieux où l'océan invite aux grands départs (mais *on ne part pas* !) décidément !

---

46 Voir Friedrich Hölderlin : « Souhaiter un bien plus grand, la nature de l'homme ne peut en présumer. » (« En bleu adorable », traduit de l'allemand par André du Bouchet, in *Hölderlin*, Les Cahiers de l'Herne, Éditions de l'Herne, 1989).
47 Maurice de Guérin, « Entretien » (à Hippolyte de La Morvonnais, 1834), p. 308-309.
48 Maurice de Guérin, « La Délivrande », p. 349.
49 Maurice de Guérin, *Le Cahier vert*, 8 décembre 1833, p. 80.

Glaucus (pêcheur d'Anthedon en Béotie, en référence à une légende racontée par Ovide dans *Les Métamorphoses*) c'est un peu Guérin qui se jette dans les flots en refus de la vie terrestre, pour se délivrer de cette peau trop humaine et prétendre à la divinité...

> J'irai, je goûterai les plantes du rivage,
> Et peut-être en mon sein tombera le breuvage
> Qui change en dieux des mers les mortels engloutis[50].

Guérin avait déjà songé à ce sujet qu'il évoque dans son *Cahier* : « Si je m'abîme dans votre sein, vagues mystérieuses, m'arrivera-t-il comme à ces chevaliers qui, entraînés au fond des lacs, y rencontraient de merveilleux palais ou, comme ce pêcheur de la fable, en tombant dans la mer, deviendrai-je un dieu[51] ? »

Une autre occurrence particulièrement lyrique est à quêter dans *La Bacchante* :

> Tandis que je recueillais les années réclamées pour les rites, j'étais semblable aux jeunes pêcheurs qui vivent sur le bord des mers. À la cime d'un rocher, ils paraissent quelque temps, les bras tendus vers les eaux et le corps incliné, comme un dieu prêt à se replonger ; mais leur âme balance dans leur sein mortel et retient leur penchant. Enfin ils se précipitent, et quelques-uns sont racontés qui revinrent couronnés sur les flots. Ainsi je suis demeurée longtemps suspendue sur les mystères ; ainsi je m'y suis abandonnée et ma tête a reparu couronnée et ruisselante[52].

LA GROTTE, LA BARQUE

S'abîmer, plonger au sein des flots : la tentation d'une retraite marine se fait jour en ce contexte ; c'est ce que dit le poème en octosyllabes plutôt abouti *L'Anse des Dames* :

> Je voudrais à l'anse des dames
> Où brisent de si belles lames,
> Me creuser au cœur d'un rocher,
> Tel qu'un antique anachorète,

---

50 Maurice de Guérin, « Glaucus », p. 347.
51 Maurice de Guérin, *Le Cahier vert*, 28 septembre 1834, p. 112.
52 Maurice de Guérin, « La Bacchante », p. 335.

Une fraîche et sombre retraite,
Comme celle où vont se coucher
Le vieux héron, le vieux nocher.
[…]

Cette anse serait un empire.
Les vagues viendraient me sourire
Et me diraient leur jeune dieu.
Et moi de ma grotte profonde
Je rendrais le sourire à l'onde
En regardant le blanc courlieu
Jouer sur mon empire bleu[53].

Une volonté affinée dans la lettre à La Morvonnais parue dans *La France catholique* en février 1834 : « […] le charme extrême que j'aurais à me creuser une grotte fraîche et sombre au cœur d'un rocher, dans une anse de vos côtes, et d'y couler ma vie à contempler au loin la vaste mer, comme un dieu marin[54] ».

Et dans *Glaucus* :

Il me faut sur le bord une grotte profonde,
Que l'orage remplit d'écume et de clameurs,
Où, quand le dieu du jour se lève sur le monde,
L'œil règne, et se contente, au vaste sein de l'onde,
Ou suit à l'horizon la fuite des rameurs[55].

La Délivrande poème-testament nous apporte quelques précisions sur cet asile, cet abri qui résonne tristement à la manière d'un cercueil qu'on referme sur son catafalque :

[…] – S'il s'ouvrait un asile
Dans la mer idéale, en quelque réservoir
Calme comme un bassin des montagnes au soir,
Mon esprit y plongeant des tristes bords du monde,
Y ferait à couvert sa demeure profonde […][56].

Dans *Le Cahier vert*, il va jusqu'à se rêver dans une goutte d'eau, « gouttelette imperceptible » – à sa mesure – et une fois l'ultime hôte reconduit, il assure « je pousserai les verrous et me tiendrai coi dans mon univers microscopique ».

---

53   Maurice de Guérin, « [L'Anse des Dames] », 16 décembre 1833, p. 286.
54   Maurice de Guérin, « Correspondance littéraire », *La France catholique*, février 1834, p. 365.
55   Maurice de Guérin, « Glaucus », p. 346.
56   Maurice de Guérin, « La Délivrande », p. 350.

Baudelaire est à portée de voix qui écrit quelques années plus tard :

> Et quand viendra l'hiver aux neiges monotones,
> Je fermerai partout portières et volets
> Pour bâtir dans la nuit mes féeriques palais[57].

La thématique de la barque est également récurrente dans la poésie de Guérin. Juste en passant, notons : « J'aurai même une barque et je serai pêcheur » (*Glaucus*). Et à l'opposé : « repousser l'odieuse barque qui me charrie » (*Cahier vert*, 22 juin 1835).

Sur ce point, on ne perdra pas de vue l'aspect chrétien : dans *La France catholique*, Guérin rappelle : « [...] écoutez : il est souvent dit dans l'Évangile que Jésus montait dans une barque et de là prêchait à la foule [...][58]. »

CÉRÉMONIE DES ADIEUX ET REPOS FLUVIAL

Comme pour un ami cher, il y a même une scène des adieux, romantique à souhait, et nocturne (10 heures du soir) comme il se doit.

« La mer brillait de tout son éclat et brisait à cent pieds au-dessous de nous avec des bruits qui passaient par nos âmes en montant vers le ciel[59]. » « Les barques » et les « oiseaux de mer » sont à l'unisson. S'agissant d'adieux, on pourrait penser au *Propemptikon* des Grecs, poème où l'auteur faisait ses adieux à un ami qui part en mer ; ici, il s'agit d'adieux à rebours, Guérin restant à terre et saluant l'océan pour s'en imprégner à jamais...

Reste à dire l'indicible qui est transmutation d'ordre quasi alchimique : « [...] je me livrais de toute la force de mon regard à la contemplation des caps, des rochers, des îles, m'efforçant d'en lever comme une empreinte et de la transporter dans mon âme[60]. »

Nous comptions boucler cette promenade avec l'Océan dont Guérin fut un incandescent témoin, en raison même peut-être de son étrangeté natale de *terrien* ; mais les fleuves se sont alors interposés avec véhémence...

57 Charles Baudelaire, « Paysage », *Les Fleurs du mal*.
58 Maurice de Guérin, « Correspondance littéraire », *La France catholique*, mars 1834, p. 385.
59 Maurice de Guérin, *Le Cahier vert*, 20 janvier 1834, p. 92.
60 *Ibid.*

Promenade au bord de la Rance nous ramène aux eaux douces, le poète de *La Roche d'Onelle* se fait sourcier :

> Vous savez qu'au retour, au pied noir d'un rocher,
> Sur le sable argenté nous vîmes s'épancher
> Une source d'eau vive, et qu'ayant dans l'arène
> Planté là mon bâton, une belle fontaine
> Avec son doux murmure et son limpide flot
> De ce sable creusé prit naissance aussitôt[61].

Dans *Le Cahier* voici l'Arguenon cher aux La Morvonnais :

> L'Arguenon circule librement dans les grèves, la lune se promène dans son courant et ses gués, où les eaux bouillonnent, nous envoient un léger murmure. La brise soupire à peine dans le bois et tout le reste est tranquille[62].

Dans *La Bacchante*, couchés à l'antique, « Les fleuves ont leur séjour dans les palais profonds de la terre, demeures étendues et retentissantes, où ces dieux penchés président à la naissance des sources et au départ des flots. Ils règnent, l'oreille toujours nourrie de l'abondance des bouillonnements, et l'œil attaché à la destinée de leurs ondes[63]. »

Pour ce qui est du *Centaure*, l'imprégnation fluviale est patente puisque dès la première phrase, on lit à la première personne cette confession de Macarée : « J'ai reçu la naissance dans les antres de ces montagnes. Comme le fleuve de cette vallée dont les gouttes primitives coulent de quelque roche qui pleure dans une grotte profonde [...]. »

« Je me délassais souvent de mes journées dans le lit des fleuves. » Et encore : « [...] ma vieillesse regrette les fleuves ; paisibles la plupart et monotones, ils suivent leur destinée avec plus de calme que les centaures, et une sagesse plus bienfaisante que celle des hommes[64]. »

La volubilité tactile et claire des océans – même en colère – fait place en ce qui concerne les fleuves à un langage inaccessible. Macarée assure : « [...] je n'ai jamais reconnu que des sons qui se dissolvaient dans le souffle de la nuit ou des mots inarticulés comme le bouillonnement des fleuves[65]. »

Le Centaure s'achève significativement sur cette phrase : « [...] prochainement j'irai me mêler aux fleuves qui coulent dans le vaste sein

---

61   Maurice de Guérin, « [Promenade aux bords de la Rance] », p. 301.
62   Maurice de Guérin, *Le Cahier vert*, 20 janvier 1834, p. 93.
63   Maurice de Guérin, « La Bacchante », p. 338.
64   Maurice de Guérin, « Le Centaure », p. 327, 329, 330.
65   *Ibid.*, p. 332.

de la terre. » On peut penser au naufrage leopardien dans *L'Infini* qui est toutefois maritime…

« Plongeur » disait Barbey (comme je le rappelais au début de notre causerie) ; sous l'eau mais aussi sous terre pour Guérin qui va « nous entraîner dans un monde souterrain » comme l'a parfaitement remarqué Jean-Luc Steinmetz. Un abri de plus comme les grottes, les cavernes, les creux couverts par les vagues… Nous retrouverons « l'ombre des abris » dans *Glaucus*…

Henri Bosco souligne quant à lui : « Désormais, le voilà parti vers l'âme universelle, au-delà même de la terre[66]. »

Comment ne pas relever que *Le Cahier vert* s'achève abruptement sur cette improbable phrase : « Le courant des voyages est bien doux [...] qui m'exposera sur ce Nil[67] ?… »

Dans une lettre à *La Morvonnais*, datée du 15 du même mois, Guérin se montre moins sibyllin : « J'ai voyagé : je ne sais quel mouvement de mon destin m'a entraîné sur les rives de la Loire jusqu'à la mer. [...] J'ai vu le long du fleuve des plaines où la nature est puissante et gaie ; de royales et antiques demeures [...]. » Et il cite Amboise, Chambord, Chenonceaux, Blois… et retrouve les cadences du *Cahier* mot pour mot : « Le courant du voyage est bien doux. Je le suivrais volontiers toute ma vie. Oh ! qui m'exposera sur ce Nil[68]. »

Revenons à cette étrange évocation fluviale du *Cahier vert* : dans l'Égypte antique à laquelle je me référais en préambule, les morts ont besoin d'un bateau pour traverser le Nil afin de rejoindre les nécropoles du monde des morts situées sur la rive Ouest du fleuve…

Arrivée sur cette rive ouest du Nil, la momie est placée dans un coffre sur une barque, elle-même posée sur un traîneau où elle est exposée… C'est ce que les Grecs appelleront selon un rituel différent *Prothesis*, précisément l'exposition…

Le Livre des Morts égyptien énonce la prière suivante : « J'ai été purifié dans ces eaux dans lesquelles Osiris est purifié quand on lui donne la barque de la Nuit et la barque du Jour afin qu'il puisse sortir à l'ouest… »

Maurice de Guérin qui a visité en compagnie de Trebutien la Galerie des Antiques du Musée du Louvre a été impressionné par les momies

---

66 Henri Bosco, *Puissance de la terre dans Maurice de Guérin*, in *Le Génie d'Oc et l'homme méditerranéen*, Marseille, Cahiers du Sud, 1943, p. 288.
67 Maurice de Guérin, *Le Cahier vert*, 13 octobre 1835, p. 130.
68 Maurice de Guérin, Lettre à Hippolyte de La Morvonnais, 15 octobre 1835, p. 800.

égyptiennes. Sa vision funèbre (qui emprunte à la fois au monde gréco-latin et à l'Égypte pharaonique ne manque pas d'un panache digne de Barbey d'Aurevilly ! Cette ritualisation de la mort à l'antique éloigne singulièrement du christianisme pour lequel la dépouille du défunt ne revêt qu'une modeste importance

À propos de la Loire devenue Nil par la magie du verbe guérinien, je ne peux m'empêcher de citer le titre de l'ouvrage d'un explorateur anglais du XIXᵉ siècle, Verney L. Cameron à propos du Nil : *Un fleuve peut en cacher un autre...*

Une momie exposée sur un fleuve ! Il est significatif que Guérin se voie plus fréquemment absent que présent au monde, sans patrie, et mort que vivant...

Il écrit « Le poète est chassé d'exil en exil et n'aura jamais de demeure assurée[69]. »

« La vie est l'exil de l'être[70] » lui murmure un siècle plus tard en voisin Joë Bousquet.

Mais nous avons en somme mission de laisser Guérin chez lui, au pays du désir pérenne, de l'eau de jouvence... le silence et la mer ! *La Délivrande* sonne comme un bel adieu...

> Les déclins, les retours, ce qui semble déchoir,
> L'esprit où l'ombre gagne et fait tomber le soir,
> Le dégoût du dehors, les fuites en soi-même,
> Les seuils qu'on a fermés, le sourire suprême,
> Les océans en soi retirant leur orgueil,
> La paupière étendant ses ténèbres sur l'œil,
> Tout ce qui se retire en silence et dédaigne,
> L'homme qui descendu sur l'horizon s'y baigne
> Au sein des flots dormants et dans leur profondeur
> Comme un dieu fugitif établit sa grandeur,
> Environné des traits de quelque nuit tranquille :
> Tous ces points me sont chers. – S'il s'ouvrait un asile
> Dans la mer idéale, en quelque réservoir
> Calme comme un bassin des montagnes au soir,
> Mon esprit y plongeant des tristes bords du monde,
> Y ferait à couvert sa demeure profonde [...][71].

Ne nous y trompons pas, si Guérin se baigne ici, c'est dans le poème à l'instar d'un certain Arthur Rimbaud...

69   Maurice de Guérin, *Le Cahier vert*, 26 janvier 1835, p. 117.
70   Joë Bousquet, « Mystique », in *Le Meneur de lune*, Paris, Albin Michel, 2006, p. 86.
71   Maurice de Guérin, « La Délivrande », p. 350.

Et dès lors je me suis baigné dans le poème
De la mer infusé d'astres et lactescent… (« Le Bateau ivre »)

RETOUR & CONCLUSION

Retrouver le pays natal comme tous les grands poètes, comme Eugénie l'y a invité : « Mais le pays natal est moins une étendue qu'une matière ; c'est un granit ou une terre, un vent ou une sécheresse, une eau ou une lumière[72] », a dit Bachelard…

C'est désormais dans cette lumière particulière, sous les souffles d'Éole sur les contreforts du Cayla qu'il nous faut à présent appréhender Maurice de Guérin dont le discret passage sait encore faire de l'ombre au flamboyant Barbey : son romantisme anachronique fut abouché au monde gréco-latin où gambadaient nymphes et satyres, centaures et bacchantes, recueillant les eaux de sources limpides et silencieuses auxquelles Mallarmé allait bientôt s'abreuver.

Guérin, on l'a vu abondamment, intériorise les paysages qu'ils soient terrestres, marins ou fluviaux à travers une introspection permanente et ne nous les restitue que subjectivés notamment au travers d'une filiation mythologique qui l'habita toute sa courte vie… « C'est poétiquement […] que l'homme habite sur cette terre », assure Hölderlin. Et c'est tout particulièrement juste pour Guérin.

L'EAU c'est le kaléidoscope des rêves, des paysages intérieurs de Maurice de Guérin ; c'est la porte ouverte sur l'ailleurs, sur l'Orient, le monde des fées, une mythologie réinventée, *remise à flots* pourrait-on dire dans ce contexte, porte d'un ultime refuge vers une mort glorieuse (offert solennellement sur le Nil !) ou effacée (dans une goutte d'eau, une grotte)… Et puis comme le souffle Bachelard : « L'eau nous berce. L'eau nous endort. L'eau nous rend notre mère[73]. »

Incessant murmure, répétitif par nature et donc apte à l'abolition du temps…

Guérin savait qu'il abritait au fond de lui quelque chose d'unique. Perle rare précisément, enfouie dans les strates intimes de son être. Il nous appartient avec patience, ténacité, de mettre au jour ce lumineux trésor, cette scintillation neuve.

---

72 Gaston Bachelard, *L'Eau et les Rêves*, Paris, José Corti, 1963, p. 11.
73 *Ibid.*, p. 178.

... Il me plaît au bout de cet aquatique parcours de laisser à Paul Pugnaud, homme des vignes et de la mer, en voisin d'Occitanie, la conclusion ouverte à travers ces vers :

> Est-ce la mer compagne ou rivale du soir ?
> Est-ce une troupe de souvenirs ressuscités
> Dans les édens perdus de la mémoire[74] ?

Jean-Paul CHARLUT[75]

---

74 Paul Pugnaud, *Cordage lové*, *La Nuit ouverte*, Subervie, 1967, p. 18.
75 Jean-Paul Charlut, journaliste et correspondant de l'AFP, a été attaché pendant plusieurs années à la Maison des mémoires Joë Bousquet à Carcassonne.

« OH UN AMI ! »

Oh ! cahier, quel est ce long voyage,
Qui te fit traverser l'Atlantique,
Pour la lointaine Amérique,
Avec, sur l'océan, dans ton sillage
Les secrets d'une enfance orpheline,
Et ceux aussi, d'une âme tourmentée ?
Cinq ans au Nouveau Monde, exilé,
Et l'auteur de tes pages où se déclinent
Les alternances, avait disparu.
Revenu de ce séjour lointain,
Tu fus remis entre les mains
D'une sœur qui aurait voulu
Que l'on se souvînt de celui
Qui avait créé, sans bruit, un monde
De sommets et de vallées profondes
Et bercé de douces rêveries.

Et puis bien des années après,
Tu es trouvé, sous une table bancale
Servant bien tristement de cale.
Là, tu avais pris de l'oubli, les traits.
Après l'abandon, les éclats d'obus
Durement te frappent et lacèrent,
Les traces d'un passage éphémère.
Mais soigné, sauvé, te voilà revenu
Sur la terre nourricière du Cayla
Sur la terre que tu avais laissée
Pour aller en d'autres contrées.
Oh ! Cahier, enfin te voilà !

C'est l'ami prodigue « at home ».

Mathieu d'Harcourt
Juin 2020

PASTICHE ET AUTOTEXTE
Le cas Guérin

Au commencement était la reprise. Cette pratique littéraire remonte aux premiers textes, voire à l'aube de l'écriture :

> Depuis la fin du XVIIIᵉ siècle, cette pratique est désignée par le terme de « pastiche ». Avant cette date, le mot était associé à la musique et à la peinture. L'usage dans les textes est cependant attesté depuis l'Antiquité, sans doute même depuis les premiers emplois de l'écriture[1].

L'art de la reprise est notable chez Maurice de Guérin[2]. La répétition constitue un phénomène inhérent à son activité scripturale. Le pastiche et l'autotexte en sont les aspects saillants. Dans le pastiche, il y a reprise de la manière d'un maître ; dans l'autotexte, il y a reprise par l'auteur de ses propres textes. Nous voudrions proposer une étude du pastiche et de l'autotexte chez Guérin pour montrer que ces deux formes de reprise relèvent de la compétence stylistique et révèlent quel écrivain il est.

Notre sujet s'inscrit dans le cadre de l'hypertextualité (rapports d'imitation ou de transformation entre deux textes ou entre un texte et un style). Nous nous inspirerons essentiellement des travaux de Gérard Genette, de Lucien Dällenbach et de Michael Riffaterre. Pour le pastiche, il convient d'examiner le trait de style imité. Pour l'autotexte, il serait intéressant de vérifier si la reprise est littérale ou non littérale, et d'étudier, le cas échéant, la série des transformations opérées lors du passage d'un genre à l'autre.

Cette étude s'articule autour de trois axes. Nous aborderons le pastiche à travers l'écriture imitative et quelques modèles de la phrase guérinienne. Nous étudierons ensuite l'autotexte dans le même genre littéraire et dans des genres différents. Enfin, nous essayerons de trouver le sens de la reprise, ce qui implique l'examen de sa direction et de sa signification.

---

1   Paul Aron, « Le pastiche comme objet d'étude littéraire. Quelques réflexions sur l'histoire du genre » *in Modèles linguistiques*, n° 60, 2009, p. 11.

2   Édition utilisée : Maurice de Guérin, *Œuvres complètes*, éd. de Marie-Catherine Huet-Brichard, Classiques Garnier, 2012.

LE PASTICHE

Le pastiche est l'imitation de la manière d'écrire d'un maître :

> Le pastiche désigne l'imitation d'un style pour l'appliquer à un autre objet (Genette). On en cerne l'usage selon trois paramètres : il s'agit d'une reprise exclusivement d'ordre stylistique (on ne pastiche pas une œuvre, mais un style d'auteur ou d'époque), qui n'est pas nécessairement comique (ce qui le distingue de la parodie) et qui suppose une distance génératrice d'ironie (il peut être un hommage dans certains cas). Cette littérature « au second degré » (Mortier), est une activité ludique, supposant à la fois une solide culture et une haute virtuosité[3].

Autre définition : « Le pastiche littéraire est une pratique mimétique visant à produire un texte (T2) en reprenant les traits stylistiques marquants d'un modèle (T1)[4] ». Le texte antérieur constitue un hypotexte par rapport au texte dérivé qui est son hypertexte.

Sauf erreur de notre part, le mot « pastiche » n'apparaît qu'une fois dans l'œuvre de Guérin, à l'occasion d'une appréciation négative : « Quand j'entame un sujet, mon amour-propre s'imagine que je fais merveille, et quand j'ai fini je n'aperçois qu'un mauvais pastiche composé avec des restes de couleur, raclés sur la palette des autres et grossièrement amalgamés sur la mienne. » (*Le Cahier vert*, p. 100). Par cette autocritique, Guérin situe l'écrit en deçà du pastiche. Sa déception s'explique par le décalage entre l'idéel et le réel.

L'ÉCRITURE IMITATIVE

Le mimétisme textuel est le propre du pastiche. Guérin a beaucoup lu. Il n'imite pas n'importe qui mais choisit bien son modèle. En imitant le style d'un maître, il cherche à se modeler sur ses qualités. Quels sont les principaux écrivains qu'il pastiche ? Qu'imite-t-il exactement ?

Guérin pastiche Laurence Sterne dans sa correspondance avec Mme de Maistre. La lettre en date du 18 juin 1837 à la baronne montre un auteur raisonnant sur son art :

---

3   *Le Dictionnaire du littéraire*, publié sous la direction de Paul Aron, Denis Saint-Jacques, Alain Viala, Presses Universitaires de France, Paris, 2002, p. 425.

4   Paul Aron, « Le pastiche comme objet d'étude littéraire. Quelques réflexions sur l'histoire du genre », *op. cit.*, p. 11.

Voulez-vous que je vous écrive dans la manière d'Yorick à Élisa[5]. Le bramine emploie indifféremment le *tu* et le *vous* ; indifféremment, je me trompe ; ces variations pleines de charmes en sont décidées par les convenances du cœur. Je m'autorise de son exemple et place tout sous sa responsabilité. (*Lettres*, p. 861)

La première phrase de la citation semble reproduire la définition même du mot « pastiche[6] », en en actualisant les sèmes (imitation, style). La locution verbale « écrire dans la manière de » signale l'intention de pasticher. La lettre datée du 24 juin 1837 à la même destinataire illustre le passage de l'intention à la réalisation :

Élisa[7], ne suis-je pas un miracle d'obéissance ? Te dire ce qu'elle me coûte, ce serait en réclamer le prix : je ne le ferai pas. Je suis dans la soumission la plus pure et la plus désintéressée. Le croiras-tu ? Le croirez-vous que je vous aime jusqu'à vous sacrifier l'expression de mon amour ? (*Lettres*, p. 875)

En effet, Sterne utilise les pronoms « vous » et « tu » dans la même lettre :

Mais, Élisa, si tu es si malade encore… songe à ne retourner dans l'Inde que dans un an… Écrivez à votre mari… Exposez-lui la vérité de votre situation[8]…

Voire dans la même phrase :

Ce matin j'ai fait une visite à *mistriss* James ; elle vous aime bien tendrement : elle est alarmée sur ton compte, Élisa… elle dit que tu lui parais plus mélancolique et plus sombre, à mesure que ton départ approche[9]…

Le trait de style imité par Guérin est l'emploi des pronoms « tu » et « vous », pour s'adresser à la même destinataire, dans le cadre de la correspondance amoureuse. Le passage d'une personne à l'autre se nomme « transvocalisation ». Passer du « vous » formel au « tu » informel

---

5 Allusion aux *Lettres d'Yorick à Élisa* de Sterne. Elles étaient signées « Sterne », « Yorick » ou « ton bramine », la destinataire étant originaire des Indes.

6 « L'actualisation du système descriptif d'un mot ne dépend pas nécessairement de la présence physique de ce mot dans la phrase. » (Michael Riffaterre, *La Production du texte*, Seuil, Paris, 1979, p. 53)

7 Laurence Sterne (1713-1768) est la référence constante entre Maurice de Guérin et la baronne de Maistre. Dans cette correspondance amoureuse, commente Marie-Catherine Huet-Brichard, « les références marient la carte du Tendre et les *Lettres d'Yorick à Élisa* de Sterne ».

8 Laurence Sterne, *Lettres d'Yorick à Élisa*, traduites de l'anglais, nouvelle édition, augmentée de *L'Éloge d'Élisa* par M. l'abbé Raynal, Mourer cadet libraire, Lausanne, M.DCC.LXXXIV, Lettre XIX, p. 103.

9 Laurence Sterne, *Lettres d'Yorick à Élisa*, *op. cit.*, Lettre X, p. 47.

indique l'évolution de la relation dans le sens de la proximité et de l'intimité[10]. Chez un écrivain tel que Rousseau, le tutoiement reste un signe de familiarité :

> Je portai jusqu'à la tutoyer [Mme d'Houdetot] la familiarité que j'y pris dans mon ivresse : mais quel tutoiement ! elle n'en devait sûrement pas être offensée[11].

L'imitation de Sterne s'accompagne dans le texte d'un discours sur le pastiche. Et Guérin de s'expliquer : « Quand je te dis *vous*, je ne te parle pas d'assez près, mon cœur murmure ; il voudrait mettre sa plénitude dans son langage. Vain désir ! les mots trop étroits n'acceptent pas la millième partie de la vie qu'il veut leur communiquer ». (*Lettres*, p. 861)

Par ce métadiscours, Guérin justifie le pastiche, se pliant à la règle du bon usage de cette pratique littéraire. L'auteur n'imite pas seulement le style des grands écrivains, mais aussi leur niveau de langue. Le poème intitulé « Vers heureux » en est l'illustration :

> Mais au lieu d'un public ou méchant ou volage,
> Si vous trouvez un juge aussi savant que sage
> Qui de tous vos défauts critique impartial
> Ne vous laisse ignorer ni le bien ni le mal,
> Sans doute ambitieux d'une illustre censure,
> Vous irez au devant d'une gloire si pure.
> (*Poèmes*, p. 165)

Il y a dans ces vers une souvenance de l'*Art poétique* de Nicolas Boileau et plus précisément de l'extrait suivant :

> Craignez-vous pour vos vers la censure publique ?
> Soyez-vous à vous-même un sévère critique.
> L'ignorance toujours est prête à s'admirer.
> Faites-vous des amis prompts à vous censurer ;
> Qu'ils soient de vos écrits les confidents sincères,
> Et de tous vos défauts les zélés adversaires[12].

---

10 À titre indicatif, le vouvoiement a prédominé dans la société française jusqu'au XVIIIᵉ siècle. C'est Jean-Jacques Rousseau qui, juste avant la révolution, recommande le tutoiement systématique dans la famille.

11 Jean-Jacques Rousseau, *Les Confessions 2*, chronologie et introduction par Michel Launay, Garnier-Flammarion, Paris, 1968, p. 221.

12 Nicolas Boileau, *Œuvres complètes 2*, Garnier-Flammarion, Paris, 1969, *Art poétique*, p. 85-115, vers 183-188.

En pastichant le théoricien du classicisme, Guérin place la barre très haut. Il prouve son aptitude à l'écriture et à la littérature.

Outre le style et le niveau de langue, l'imitation peut concerner le contenu. L'exercice exécuté à La Chênaie sur l'*Antigone* de Sophocle est à cet égard instructif :

> Sur moi les dieux auraient uni la double épreuve
> Des larmes de la mère et des pleurs de la veuve,
> Qu'Antigone, Ô Créon, n'aurait pu, sans remords,
> Enfreindre votre édit pour honorer la mort ;
> Mais je sais une loi plus sainte que la vôtre.
> – Qui perd un fils, Créon, peut en trouver un autre.
> Le Destin peut guérir, relever devant nous
> La mère sans enfants, la femme sans époux ;
> Mais après l'heure, après la fête funéraire
> Qui vous fit orphelin, – qui peut nous rendre un frère[13] ?
> (*Poèmes*, p. 223)

Plus nous lisons Rousseau, plus nous sommes persuadée qu'il est le père spirituel de Guérin ; même si celui-ci déclare n'être de l'école de personne. Le rapprochement de leurs textes respectifs manifeste le caractère naturel de cette paternité :

— Rousseau : « Cette lenteur de penser, jointe à cette vivacité de sentir, je ne l'ai pas seulement dans la conversation, je l'ai même seul et quand je travaille[14]. »

— Guérin : « [...] tout se passe laborieusement dans ma tête et [...] rien n'en sort que par une manière de sécrétion des plus lente et des plus douloureuse. » (*Lettres*, p. 960)

— Rousseau : « Non seulement les idées me coûtent à rendre, elles me coûtent même à recevoir[15]. »

— Guérin : « Je ne veux pas vous dire tout ce qu'elle [mon organisation] me coûte de souffrances... » (*Lettres*, p. 960)

— Rousseau : « Des riens : les choses du monde les plus puériles, mais qui m'affectaient comme s'il se fût agi de la possession d'Hélène ou du trône de l'univers[16]. »

---

13 *Cf. Antigone* de Sophocle, vers 450-470 et vers 909-929.
14 Jean-Jacques Rousseau, *Les Confessions 1*, chronologie, introduction, note bibliographique par Michel Launay, Garnier-Flammarion, Paris, 1968, p. 151.
15 Jean-Jacques Rousseau, *Les Confessions 1*, *op. cit.*, p. 152.
16 Jean-Jacques Rousseau, *Les Confessions 1*, *op. cit.*, p. 225.

- Guérin : « Les actions les plus indifférentes pour les autres me coûtent les plus violents efforts. » (*Lettres*, p. 515)
- Rousseau : « J'entre avec une secrète horreur dans ce vaste désert du monde. Ce chaos ne m'offre qu'une solitude affreuse où règne un morne silence[17]. »
- Guérin : « On m'a dit qu'il fallait m'en retourner au monde. Chose bizarre ! je me suis surpris cent fois à regretter la vie étrange qu'on y mène et aujourd'hui que la solitude et la retraite m'ont donné congé, le monde me fait horreur. » (*Le Cahier vert*, p. 76)
- Rousseau : « J'aime [...] à vouloir déraciner un rocher pour voir ce qui est dessous[18]... »
- Guérin : « Je voudrais être l'insecte qui se loge et vit dans la radicule. » (*Le Cahier vert*, p. 112)
- Rousseau : « C'est dans cette profonde et délicieuse solitude qu'au milieu des bois et des eaux, aux concerts des oiseaux de toute espèce, au parfum de la fleur d'orange, je composai dans une continuelle extase le cinquième livre de l'*Émile*[19]... »
- Guérin : « Nous nous réunissons à l'heure du dîner : dîner intime, causeries intimes, longues et vagues promenades sous les marronniers des Tuileries, aux parfums des orangers et des fleurs des parterres, aux lueurs du couchant. » (*Lettres*, p. 726)

Leurs points communs : la constitution morale, la lenteur de penser, la vivacité de sentir, la difficulté d'objectiver la pensée dans le langage, la rumination, la difficulté à écrire, la nonchalance, la timidité, le penchant pour la solitude et le goût de la nature. Il existe donc des affinités électives, pour parler en termes goethéens de chimie et d'alchimie, entre le Cygne du Cayla et le Citoyen de Genève. S'ils avaient vécu à la même époque, s'ils s'étaient rencontrés, ils se seraient sans doute appréciés. Le lien qui les unit est invisible certes, mais fort, tellement fort qu'il dépasse le simple cadre du pastiche, s'agissant d'une ressemblance au niveau de l'esprit, de l'âme, du rapport à l'écriture, aux hommes et au monde. Cette similitude frappante résulte d'une tacite ascendance de l'un sur l'autre. L'influence rousseauiste est si patente qu'on se demande si Guérin n'en avait pas conscience. Dans ce cas précis, nous pouvons parler d'une filiation non avouée.

---

17   Jean-Jacques Rousseau, *Julie ou La Nouvelle Héloïse*, chronologie et introduction par Michel Launay, Garnier-Flammarion, Paris, 1967, p. 163.
18   Jean-Jacques Rousseau, *Les Confessions 2, op. cit.*, p. 415.
19   Jean-Jacques Rousseau, *Les Confessions 2, op. cit.*, p. 284-285.

En étudiant le pastiche chez Guérin, nous avons dégagé du texte l'objet de l'imitation, à savoir le style, le niveau de langue et les idées. Le mimétisme textuel ne s'arrête pas là. Certaines phrases de Guérin rappellent des phrases connues.

MODÈLES DE LA PHRASE GUÉRINIENNE

Parler de modèles de la phrase littéraire, c'est choisir de se mettre du côté de la production du texte : « Tout modèle de la phrase littéraire doit rendre compte de la littérarité de cette phrase, c'est-à-dire de caractéristiques formelles résultant des particularités de la communication linguistique en littérature[20]. »

À la lecture de l'œuvre, nous avons repéré et relevé un certain nombre de phrases qui appellent à l'esprit celles d'autres écrivains. Il en est particulièrement ainsi dans la missive datée du 17 juin 1837 à Henriette de Maistre :

> Vous m'aviez chargé de tristesse quelques heures auparavant ; le soir, qui aggrave cette affection de l'âme, en s'affaissant doublait de puissance, tout m'accablait et conspirait à m'accabler. (*Lettres*, p. 858)

La tournure de cette phrase rappelle celle de Jean Racine :

> Tout m'afflige et me nuit, et conspire à me nuire[21].

Ici, il n'y a pas transmodalisation – passage d'un mode à l'autre – mais juste changement de temps : le présent du dramaturge devient imparfait chez l'épistolier. On reste dans le mode indicatif qui exprime la certitude. Le trait de style imité est la répétition, en l'occurrence du même verbe dans la phrase. La reprise verbale dans un énoncé se nomme « épanalepse ». Cette figure par répétition produit un effet d'insistance. La locution verbale « conspirer à » assure le lien entre les verbes repris et constitue le dénominateur commun des deux constructions. Elle signifie le concours de tous les éléments au même résultat (nuire, accabler), d'où le sentiment d'hostilité et l'idée sous-jacente de complot.

Dans la lettre en date du 15 mars 1839 à Jules Barbey d'Aurevilly, l'auteur énonce :

> On passe bien des folies aux femmes et elles font passer bien des folies…
> (*Lettres*, p. 1000)

---

20 Michael Riffaterre, *La Production du texte, op. cit.*, p. 45.
21 Jean Racine, *Phèdre*, Librairie Générale Française, Paris, 1985, acte I, scène 3, p. 25.

Le modèle de cette phrase est un proverbe italien :

L'amore fa passare il tempo, ed il tempo fa passare l'amore[22].

Elle est engendrée par calque[23], vu sa surimposition à une phrase pré-existante, puisée en l'occurrence dans la sagesse des nations. La structure en chiasme (a b / b a) constitue l'objet d'imitation. Il y a équivalence d'une part entre le temps et l'amour, d'autre part entre les folies et les femmes, d'où la valorisation négative de ces dernières.

Chez Guérin le pastiche est un fait, nous venons de le voir. Reste à savoir quelles sont sa finalité, ses raisons d'être. Il n'est sans doute pas inutile d'évoquer les origines scolaires de cette pratique. L'auteur use du pastiche comme application, comme exercice de style. Cette imitation est un préalable à l'écriture : « Imiter assurerait la maîtrise de la langue, et citer, celle du discours : Proust ne disait-il pas que tout écrivain commence par le pastiche[24] ? » Elle prendra fin dès que l'écrivain à la recherche de lui-même se sera formé un style, le sien propre. Voici ce que Guérin écrit le 13 août 1834 à sa sœur Eugénie :

> Forme-toi un style, un style à toi, qui soit ton expression. Étudie la langue française par des lectures attentives, en attachant ton travail à remarquer les constructions, les tournures, les délicatesses de style, mais sans adopter jamais la manière d'aucun maître. Il faut apprendre la langue chez eux mais il faut s'en servir chacun à sa manière. (*Lettres*, p. 718)

L'imitation constitue donc une étape importante dans l'apprentissage de l'écriture : « C'est en écrivant qu'on devient écriveron[25] » et dans la formation du style : « le style se forme par la lecture, l'exercice et l'imitation[26] ». C'est le *ratio studiorum* ou raison des études qui définit les principes de la pédagogie jésuite : « [...] avec quelque talent qu'on puisse être né, l'art d'écrire ne s'apprend pas tout d'un coup[27]. »

La compétence se mue en performance dès que Guérin réalise des morceaux de bravoure comme « Le Centaure », « La Bacchante » et

22 Traduction : « L'amour fait passer le temps et le temps fait passer l'amour ».
23 Le calque est la première modalité de surdétermination, la deuxième étant la polarisation, et la troisième l'actualisation de séquences potentielles.
24 Antoine Compagnon, *La Seconde main ou le travail de la citation*, Seuil, Paris, 1979, p. 95.
25 Raymond Queneau, *Exercices de style*, Folio, Gallimard, Paris, 1947, p. 80. La phrase citée est calquée sur le proverbe : « C'est en forgeant qu'on devient forgeron ».
26 Cité par Paul Aron dans « Le pastiche comme objet d'étude littéraire. Quelques réflexions sur l'histoire du genre », *op. cit.*, p. 18.
27 Jean-Jacques Rousseau, *Les Confessions 2*, *op. cit.*, p. 100.

« *Glaucus* ». Grâce au pastiche, il a acquis une véritable compétence stylistique. À la reprise de la manière d'écrire d'un maître se conjugue la reprise par l'auteur de ses propres textes.

L'AUTOTEXTE

Nous empruntons ce mot à Lucien Dällenbach qui, dans son article « Intertexte et autotexte » donne à lire la mise au point suivante pour en clarifier le sens :

> Dans l'étude présentée au colloque Claude Simon de Cerisy-la-Salle (1974), une discrimination est établie entre intertextualité générale (rapports intertextuels entre textes d'auteurs différents) et intertextualité restreinte (rapports intertextuels entre textes du même auteur). [...] Afin de mettre l'accent sur son originalité propre et de ne pas heurter par un nouveau prédicat des habitudes lexicales bien ancrées, nous proposons, dans le sillage de Gérard Genette, de nommer cette intertextualité autarcique autotextualité[28].

Chez Guérin, la répétition se rencontre aussi bien dans le même genre que dans des genres différents. Pour l'exploration de l'autotexte guérinien, il convient de vérifier si la reprise est littérale ou non littérale, et d'étudier les transformations opérées par l'auteur lorsqu'il s'agit de passer d'un genre à l'autre.

REPRISE DANS LE MÊME GENRE OU DU PAREIL AU MÊME

Par « du pareil au même » on entend les cas où l'expéditeur écrit sur le même sujet à des destinataires différents. Voici ce que Guérin écrit le 28 janvier 1828 à son père :

> Dans ce moment critique votre sagesse ne vous a pas abandonné, elle vous a soutenu dans ce nouveau chemin de la vie où l'on grimpe plutôt qu'on ne marche ; puisse-t-elle aussi m'accompagner dans ce pénible voyage. (*Lettres*, p. 459)

La missive portant la vague datation d'octobre 1828 à sa sœur Eugénie constitue une variation sur le même thème :

---

28   Lucien Dällenbach, « Intertexte et autotexte », *Poétique*, n° 27, 1976, p. 282.

> C'est alors qu'on ne se suffit plus à soi-même, c'est alors que l'homme qui
> pâlit d'effroi et qui sent pour ainsi dire, ses genoux se dérober sous lui, à la
> vue de la carrière de la vie, de ce rude sentier où l'on grimpe plutôt qu'on ne
> marche... (*Lettres*, p. 475)

« Ce nouveau chemin de la vie » devient « ce rude sentier de la vie »
par substitution, c'est-à-dire suppression + addition selon la formule
liégeoise.

Le 1er février 1835, sur un ton élégiaque, l'auteur écrit à Eugénie de
Guérin :

> [...] j'ai fondu en larmes sur ses pages [Colin d'Harleville] comme j'aurais
> fait sur les lieux mêmes qu'il me rappelait. (*Lettres*, p. 753)

Une autre version de ce fait dans la lettre du 12 février 1835 à
Hippolyte de La Morvonnais :

> Combien j'ai versé de larmes sur ce bon Colin d'Harleville si gai, si charmant !
> Ainsi tout devient deuil. (*Lettres*, p. 763)

« J'ai fondu en larmes sur ses pages » devient « combien j'ai versé
de larmes sur ce bon Colin d'Harleville » par substitution. Il y a plus
d'émotion dans l'hypotexte (fondre en larmes) que dans l'hypertexte (verser
des larmes). Justification : la perte récente de Marie de La Morvonnais
et l'adresse à sa sœur dans le 1er énoncé ; une dizaine de jours séparent
la première lettre de la deuxième rédigée à l'attention du mari de la
défunte, d'où l'accalmie et la réserve. Autre explication. La Morvonnais
est un poète : Guérin soigne son style. Il est plus naturel avec sa sœur.

Même au sein du même genre, l'auteur ne peut répéter sans varier,
si infinitésimales soient ces variations. Voilà qui rejoint ce que Gérard
Genette écrit à propos de la littérature dans ses rapports avec la musique :
« On ne peut varier sans répéter, ni répéter sans varier[29]. » Chez Guérin,
la reprise n'est pas uniquement fonctionnelle dans un seul genre mais
s'étend à bien d'autres genres littéraires.

REPRISE DANS DES GENRES DIFFÉRENTS OU L'AUTRE DU MÊME

Par « l'autre du même », on entend l'imbrication de la lettre dans le
Journal et de la poésie dans la correspondance. L'auteur reprend souvent
non sans modification certaines parties de ses lettres dans *Le Cahier vert*.

---

29   Gérard Genette, « L'autre du même », *Corps écrit*, n° 15, 1985, p. 13.

Elles sont autant de variations sur le même thème. Les cas de reprise dans des genres différents relevés chez Guérin concernent essentiellement la synonymie, la substitution, la permutation, l'ajout et le développement.

Le 30 avril 1835, Guérin enregistre la notation suivante dans le *Journal* :

> La plupart des facultés qui constituent la puissance de l'esprit, manquent en moi ou n'y sont qu'indiquées, comme le sont aux arbres par des boutons morts ou stériles, les branches qui devaient naître. (*Le Cahier vert*, p. 125)

Une variation sur le même thème dans la lettre rédigée le même jour à l'intention de François du Breil de Marzan :

> La plupart des facultés qui constituent la puissance de l'esprit manquent en moi ou n'y sont qu'indiquées, comme le sont aux arbres par des bourgeons morts ou stériles, les branches qui devaient naître. (*Lettres*, p. 773)

« Boutons » devient « bourgeons » par polarisation. La modification se ramène à la synonymie. Par rapport aux « boutons », les « bourgeons » représentent un stade avancé de la végétation. Le vocabulaire de l'auteur révèle ainsi des idées nettes et précises sur le système végétal.

Autre exemple illustrant la modification par synonymie cette fois-ci dans la note du 12 janvier 1835 du *Journal* :

> Mais souvent de la formation même de ces doux fantômes la douleur un peu écartée, renaît ; elle se précipite sur moi du milieu des plus calmantes visions. (*Le Cahier vert*, p. 119-120)

Voici une variante sur le même thème dans la lettre en date du 12 février 1835 à Hippolyte de La Morvonnais, c'est-à-dire rédigée un mois plus tard :

> Mais souvent de la formation même de ces doux fantômes, la douleur un moment écartée renaît, elle se précipite sur moi du milieu des plus consolantes visions. (*Lettres*, p. 762)

« Calmantes » devient « consolantes » : l'intervalle du temps (un mois) qui sépare l'écriture des deux mots n'est pas étranger à la transformation de l'effet de ces visions. Leur vertu antalgique ne met pas le sujet souffrant tout à fait à l'abri de la douleur.

Autre illustration de la modification par synonymie cette fois-ci dans la lettre datée du 6 février 1835 à Amédée Duquesnel :

Cependant le ressentiment du coup terrible ne s'affaiblit pas ; l'âme a beau vouloir se retirer dans ses ombres pour gémir à part sans aucune marque au dehors, la nécessité des larmes l'opprime. (*Lettres*, p. 759)

Le 9 février 1835, Guérin reprend avec une variante la lettre que nous venons de citer :

Cependant le ressentiment du coup terrible ne s'affaiblit pas ; l'âme a beau vouloir se retirer dans ses ombres pour gémir à l'écart sans aucune marque au dehors, la nécessité des larmes l'opprime. (*Le Cahier vert*, p. 119)

Le syntagme prépositionnel « à part » de la lettre devient « à l'écart » dans le *Journal*, par polarisation, s'agissant de synonymie. Tout se passe comme si l'écriture diaristique nécessitait plus de retrait et d'intimité que l'écriture de lettres. Le recours fréquent à la synonymie révèle le goût de la nuance chez lui. À la synonymie s'ajoute la substitution. Le 23 juin 1833, Guérin note dans le *Journal* :

[...] je ne tirerai jamais grand'chose de bon de ma tête, non pas pour moi, mais pour ceux qui ont droit d'attendre quelque chose de moi. (*Le Cahier vert*, p. 69)

Une formule voisine se retrouve dans la lettre datée du 22 mai 1838 à Jules Barbey d'Aurevilly :

Je ne tirerai jamais rien de bon de ce maudit cerveau où cependant j'en suis bien sûr, loge quelque chose qui n'est pas sans prix. (*Lettres*, p. 960)

« Grand'chose » devient « rien de bon » et « de ma tête » « de ce maudit cerveau » par substitution, avec passage de la métonymie ou contenant pour le contenu (tête) au sens propre (cerveau), d'où le désespoir croissant de l'auteur qui se croyait intellectuellement stérile, face à la lenteur de la conception.

Un autre cas de substitution relevé dans la lettre en date du 6 février 1835 à Amédée Duquesnel :

J'ai rompu l'idée de son existence terrestre [Marie de La Morvonnais], je l'ai effacée du monde extérieur. Tout est substitué, tout un ensemble de vie actuelle s'est retiré de mon âme, et j'ai vu venir à sa place les images et la forme du monde incorruptible du monde inconnu qui nous avoisine. (*Lettres*, p. 759)

Une variation sur le même thème enregistrée le 9 février 1835 dans le *Journal* :

> J'ai rompu l'idée de son existence terrestre, je l'ai effacée du monde extérieur.
> Tout est substitué ; tout un ensemble de vie actuelle s'est retiré de mon âme
> et j'ai vu venir à la place les images et les formes incorruptibles du monde
> inconnu qui nous avoisine. (*Le Cahier vert*, p. 119)

La transformation se ramène à la suppression du substantif superflu « monde » dans l'hypotexte, ce qui a induit la revue de l'environnement textuel : « à sa place » devient dans le *Journal* « à la place », et « la forme du monde incorruptible du monde inconnu qui nous avoisine » « les formes incorruptibles du monde inconnu qui nous avoisine ». Cette proposition reprise trois jours plus tard dans *Le Cahier vert* montre le ressaisissement de l'auteur. Il s'agit probablement d'une correction. Guérin corrigeant Guérin procèderait alors par substitution.

La permutation constitue un autre type de transformation dans l'autotexte guérinien. Elle concerne l'ordre des mots dans le discours. Le 6 février 1835, Guérin écrit à Amédée Duquesnel :

> Mon ami, le travail est achevé, je suis convaincu, le doute ne remue plus
> j'ai recouvert de deuil la scène charmante de mes souvenirs. Le doux visage
> dont les contours tremblaient légèrement dans ma mémoire, car le temps et
> l'absence étendent toujours sur les traits les plus chers comme une vapeur
> qui les noie et les confond un peu... (*Lettres*, p. 758)

Voici une variation sur le même thème notée dans le *Journal* le 9 février 1835 :

> Le travail est achevé, le doute ne remue plus, je suis convaincu. J'ai recou-
> vert de deuil la scène charmante de mes souvenirs : le doux visage dont les
> contours tremblaient légèrement dans ma mémoire, car le temps et l'absence
> étendent sur les traits les plus chers comme une vapeur qui les noie un peu
> et les confond... (*Le Cahier vert*, p. 119)

Avec le passage de la correspondance au journal intime, la place de certains syntagmes est revue : « je suis convaincu, le doute ne remue plus » devient « le doute ne remue plus, je suis convaincu ». Ce qui est révélation dans la lettre, se donne comme évidence dans la notation. Ainsi, l'inversion étend le champ d'appréhension.

Pareillement, « et les confond un peu » devient « un peu et les confond » : la locution adverbiale « un peu », tantôt se rapportant aux deux verbes la précédant (noyer et confondre), tantôt appliquée seulement à « confondre » met en relief le degré de confusion de l'image dans la mémoire guérinienne.

Il arrive à Guérin de procéder dans ses transformations par ajout. C'est le cas dans la lettre datée du 21 mars 1835 à Hippolyte de La Morvonnais :

> Il y a plus de force et de beauté dans le secret bien gardé de soi et de ses pensées que dans le déploiement d'un ciel qu'on aurait en soi. (*Lettres*, p. 770)

Le 27 mars 1835, l'auteur note dans le *Journal* :

> Il y a plus de force et de beauté dans le secret bien gardé de soi et de ses pensées que dans le déploiement d'un ciel entier qu'on aurait en soi. (*Le Cahier vert*, p. 122)

Le deuxième texte paraît un peu plus long que le premier. Le mot ajouté est le qualificatif « entier » pour réaliser, semble-t-il, un certain équilibre, une sorte d'équivalence entre « le secret bien gardé » et « le déploiement d'un ciel entier », même si la préférence est accordée à la première expression.

Le développement constitue un autre type de modification dans l'autotexte guérinien. Le 21 mars 1835, à Hippolyte de La Morvonnais, Guérin écrit :

> [...] que je ferme pour jamais l'ouverture follement pratiquée aux flots secrets contenus dans mon âme ; qu'ils y dorment, ces flots, ce sont quelques gouttes, je ne redoute pas leurs tempêtes intérieures. (*Lettres*, p. 769)

Le 27 mars 1835, il reprend cette phrase de la correspondance dans le *Journal* en la développant quelque peu :

> Que je ferme pour jamais l'ouverture follement pratiquée aux flots secrets contenus dans mon âme. Qu'ils y dorment. Ces flots, ce sont quelques gouttes ; je n'aurai pas, sans doute, à redouter leurs tempêtes. (*Le Cahier vert*, p. 121-122)

« Je ne redoute pas » devient « je n'aurai pas, sans doute, à redouter » par expansion : le même état d'esprit sauf que la modalité de la crainte a changé. La locution adverbiale « sans doute » exprime l'opinion de l'auteur. Confirmé dans sa croyance, Guérin étend ce qu'il croit à l'avenir.

Voici un autre exemple qui illustre le développement. Le 30 avril 1835, l'auteur écrit à François du Breil de Marzan :

> Je me dis bien qu'un moment viendra où nous commencerons à penser éternellement dans un calme assuré. Mais d'ici là peiner, se consumer en soins au profit d'une dépouille future, ôter beaucoup à l'esprit pour en acheter une place parmi les hommes d'une certaine activité insupportable et d'un

niveau désolant, tout cela c'est une bien grande agonie de l'âme qui renverse étrangement le sens de ce mot, la vie. (*Lettres*, p. 775)

Le même jour, il reprend cette idée dans le *Journal*, en la développant. Il y consigne la même réflexion, non sans quelques variations :

> Je me dis bien que le moment viendra où nous commencerons à penser éternellement dans un calme assuré ; mais d'ici là peiner, se consumer en soins au profit d'une dépouille future, ôter beaucoup à l'esprit pour en acheter une place parmi des hommes hélas ! bien ménagés si je les dis mes étrangers, d'une certaine activité insupportable et d'un niveau désolant, tout cela c'est une bien grande agonie de l'âme qui renverse étrangement le sens de ce mot de vie. (*Le Cahier vert*, p. 125-126)

Visiblement, le deuxième texte est plus développé que le premier. Le développement de l'idée aboutit à l'apparition d'une proposition dans le *Journal* qui donne lieu à une réflexion : « hélas ! bien ménagés si je les dis mes étrangers ». Cela revient à dire que Guérin se laisse aller dans le *Journal* en écrivant, ce qui révèle le fond de sa pensée, en l'occurrence le mépris. Ainsi l'implicite devient-il explicite.

La série des transformations déclinées, il reste à savoir si l'auteur modifie surtout par diminution ou par accroissement, s'il a tendance à réduire ou à étendre le texte. Or, même quand il procède par substitution ou par ajout, la transformation reste assez timide. S'il lui arrive de glisser une réflexion dans un texte repris, une fois n'est pas coutume. Bien entendu, sa nature réservée n'est pas étrangère à la situation : elle en explique l'attitude discrète. Globalement, Guérin n'ajoute pas plus qu'il ne supprime. Il appartient à la famille d'écrivains chez qui dominent la synonymie et la substitution. Cette domination indique le souci du mot juste et de l'expression exacte. En recherchant justesse et exactitude lors de la réécriture, l'auteur se conforme à l'idéal classique du style dont il est largement imprégné. À ce stade de l'analyse, la question qui se pose est de savoir si la reprise sous forme de pastiche et d'autotexte recèle un sens.

LE SENS DE LA REPRISE

SA DIRECTION

L'influence n'est pas seulement subie, mais exercée aussi. Comme il a pastiché Sophocle, Boileau, Racine, Rousseau, Sterne, Guérin a été à son tour pastiché.

« Amaïdée », poème en prose de Jules Amédée Barbey d'Aurevilly (contemporain et ami) écrit en 1835 est un pastiche du « Centaure » de Guérin[30], les « *Fiumi* » de Giuseppe Ungaretti (1888-1970) le sont aussi... ce qui montre que l'influence guérinienne dépasse les frontières de l'hexagone. Nous venons de voir la direction du pastiche, qu'en est-il de celle de l'autotexte ?

Dans quel sens opère la reprise chez Guérin, de la correspondance vers le *Journal* ou l'inverse ? Le plus souvent, l'auteur reprend une partie des *Lettres* dans *Le Cahier vert*, comme pour conjurer la fuite du temps et garder trace de ce qui passe. Rares sont les cas où il procède autrement et transfère ce qu'il a écrit dans le *Journal* vers la correspondance. Il en est ainsi dans la note du 12 janvier 1835 :

> – Elle [Marie de La Morvonnais] n'est donc plus qu'une pensée, me dis-je ; elle n'est donc plus accessible qu'aux rêves de mon âme ! Je me soustrais difficilement à la tristesse pesante et humaine de cette idée. (*Le Cahier vert*, p. 120)

Le 12 février 1835, c'est-à-dire un mois plus tard, il reprend ces deux phrases textuellement dans une lettre à Hippolyte de La Morvonnais :

> Elle n'est donc plus qu'une pensée, me dis-je ; elle n'est donc plus accessible qu'aux rêves de mon âme ! Je me soustrais difficilement à la tristesse pesante et humaine de cette idée. (*Lettres*, p. 762)

---

30 Dans son compte rendu des *Œuvres* de Guérin (éditées par Marie-Catherine Huet-Brichard, Paris, Classiques Garnier Poche, 2011) Mathilde Bertrand écrit : « À propos de la "poésie sans poème" de Maurice de Guérin, Marc Fumaroli évoquait "sa réfract[ion] jusque dans les proses de son ami Barbey, [...] qui composent autour de l'éclipse du poète une gloire dont nous ne pouvons comprendre le sens et la splendeur qu'aujourd'hui". Il joignait alors à son édition, dans un dossier final, des fragments d'*Amaïdée*, le poème en prose que Barbey écrivit en 1835 à l'intention de Guérin, pastiche et portrait de l'auteur *Centaure*, ainsi que des fragments de la correspondance aurevillienne consacrés au souvenir du poète disparu. » (*Romantisme*, n° 157, année 2012 / 3, p. 49.)

L'inversion du procédé prouve sa prise de conscience de la valeur littéraire du texte. À l'imbrication de la lettre dans le *Journal* s'ajoute celle de la poésie dans la correspondance. Le passage suivant de la missive en date du 4 juillet 1834 à Paul Quemper pourrait bien passer, selon Jacques Vier, pour un brouillon du « Centaure[31] » :

> J'ai sauté aussitôt de mon lit et renoncé aux douceurs du somme du matin pour les sensations plus nobles et plus pénétrantes qui m'attendaient au dehors. La fraîcheur de l'air était si attrayante, j'ai été saisi dès le premier pas d'une humeur si alerte et qui me poussait si fort en avant que je me suis pris à marcher rapidement, la tête haute, l'air décidé, sans regarder mon chemin et ne demandant que de l'espace pour exercer cette vigueur de jambes qui m'emportait. L'espace ne me manquait pas : en un clin d'œil j'avais longé de vastes champs de blé, et mis derrière moi vingt fossés et autant d'échaliers. J'allais ainsi tout transporté, tout ému, fou d'une volupté indéfinissable que j'essayerai pourtant de définir en disant que c'était comme un mélange, une fusion intime du plus large sentiment de liberté et de l'impression des beautés naturelles. (*Lettres*, p. 707)

Cette possibilité est des plus plausibles. Il suffit de lire le poème en prose en question pour s'en apercevoir. Bref, l'imbrication de la lettre dans le *Journal* et de la poésie dans la lettre révèle le caractère absolu de l'*œuvre*. Au sens géographique de la reprise s'ajoute le sens linguistique.

SA SIGNIFICATION

En imitant la manière d'écrire des grands écrivains (Sophocle, Boileau, Racine, Rousseau, Sterne), Guérin livre sa bibliothèque et indique les fondements de sa culture. Cet intertexte de choix constitue par lui-même un indice de littérarité.

Le pastiche guérinien ne vise pas à la critique. Il se veut un signe d'admiration, une marque de déférence, un hommage rendu sous forme de style aux écrivains affectionnés : « Le pastiche [...] devien[t] alors la preuve d'une excellente connaissance de l'œuvre et la marque d'une admiration respectueuse[32] ».

Au pastiche comme indicateur de culture s'ajoute le pastiche comme révélateur du tempérament de l'auteur. Cela revient à dire que la répétition révèle qui il est. Écrire, réécrire. La reprise manifeste les

---

31 *Cf.* Jacques Vier, « Le Paganisme de Maurice de Guérin dans *Le Centaure* » *in Cahiers de L'Association Internationale des Études Françaises*, n° 10, 1958, p. 218.

32 Paul Aron, « Le pastiche comme objet d'étude littéraire. Quelques réflexions sur l'histoire du genre », *op. cit.*, p. 21.

traits de caractère de Guérin : la rumination, les récapitulations et le passage en revue qui caractérisent sa pensée. D'ailleurs, le ressassement est l'une des plaies de son caractère, ce qui actualise le passé et ravive la sensation :

> Tous mes souvenirs amers se sont réveillés en sursaut ; j'ai résumé en quelques heures mes misères de dix ans, résumé non en esprit mais en sensation réelle et profonde. (*Le Cahier vert*, p. 50)

Même le sentiment n'échappe pas à la répétition. Les récapitulations font que le ressentir est plus fort que le sentir : « [...] des récapitulations qui exaltent tout le passé et qui sont plus riches que la présence même du bonheur ; enfin ce qui est, à ce qu'il semble, une loi de ma nature, toutes choses mieux ressenties que senties » (*Lettres*, p. 1027). Le résultat de ce passage en revue est que l'auteur ne sait rien apprécier, tellement tout se présente frappé de mort à son esprit :

> Une autre source de mes maux, c'est ma pensée, elle passe en revue ce qui est sous mes yeux et ce qui n'est pas, et emportant toujours avec elle l'image de la mort, elle jette sur le monde un voile funèbre et ne me présente jamais les objets par leur côté riant. Elle ne voit partout que misère et destruction, et lorsque dans mon sommeil elle est livrée à elle-même, elle va errer parmi les tombeaux. (*Lettres*, p. 456)

La reprise est une démarche que Guérin suit dans sa vie et dans son œuvre : « Il y a bien long-temps que je me répète ces paroles [je sens bien que je suis une pauvre créature] ; c'est le résumé de tous mes travaux, de toute ma vie » (*Le Cahier vert*, p. 68-69).

Au terme de cette étude, l'analyse du pastiche et de l'autotexte comme formes de reprise dans l'œuvre de Maurice de Guérin a été l'occasion d'apprécier son savoir et son savoir-faire. C'est sur les ressemblances que peuvent manifester plusieurs œuvres, ainsi que sur le mode d'engendrement du texte que s'est portée notre attention.

La reprise de la manière d'un maître comme celle de son propre texte donne une idée précise sur l'intertexte guérinien. L'examen du texte sous l'angle de l'hypertextualité nous a permis de voir les rapports d'imitation et de transformation entre les textes de l'auteur et ceux des autres.

Pour le pastiche, nous avons constaté que le style, le niveau de langue et les idées constituent l'objet d'imitation. En pastichant Sterne, Boileau, Sophocle et Racine, l'auteur imite certains traits de style de ces écrivains, respectivement la transvocalisation, la clarté de l'expression, la rectitude de la langue et l'épanalepse.

Nous avons remarqué que la transvocalisation s'accompagne dans le texte d'un discours sur le pastiche. Conscient de sa pratique, Guérin semble la justifier. En imitant le niveau de langue d'un grand écrivain comme Boileau, l'auteur se mesure à lui et essaye d'attraper son élévation et sa netteté. La périssologie signalée à travers Sophocle rend propice l'imprégnation, et partant une certaine émancipation de l'hypotexte.

En observant le pastiche de Boileau, Racine d'une part, et celui de Sophocle et Sterne d'autre part, nous nous sommes rendu compte que chez Guérin, il y a deux catégories de mimétisme textuel : l'imitation d'une version originale et l'imitation d'une traduction, s'agissant de modèles français, étrangers ou anciens. Sa manière d'imiter ses auteurs préférés, sans commentaire critique ou satirique, est éloquente : le pastiche reste une pratique neutre chez lui, un exercice en soi, un véritable exercice de style. Cette neutralité va de pair avec l'admiration et le respect. Guérin est plein de déférence à l'égard de ses aînés : « Quel meilleur témoignage de fascination et de démystification que le pastiche[33] ? ».

Nous avons vu les raisons d'être du pastiche chez Guérin : l'apprentissage et l'hommage. Le statut du pastiche apparaît dans son usage comme application. En tant qu'exercice littéraire, il révèle le désir de maîtriser la langue. Cette production mimétique est prometteuse car qui sait imiter saura exceller voire se démarquer et faire preuve d'originalité. À ce titre, le pastiche se révèle comme l'un des sentiers de la création.

Certes, dans le pastiche il y a imitation de la manière d'un maître[34]. Mais cette imitation n'est pas seulement un prétexte à écrire, elle fournit aussi à l'auteur l'occasion de mettre à l'épreuve sa compétence stylistique. Celle-ci devient performance dès la réalisation de prouesses stylistiques (l'inspiration hellénique dans ses poèmes notamment), d'où le rôle important du pastiche dans la formation du style.

Au-delà d'un simple exercice de style, le critère de la ressemblance et son caractère prononcé nous a amenée à détecter une filiation spirituelle entre Guérin et Rousseau. Si pour Sophocle, Boileau, Racine et Sterne, il y a manipulation du texte par transformation ; dans le cas de Rousseau, il est surtout question d'absorption et d'assimilation, puisque Guérin semble transformer en sa propre substance le texte objet de ce processus.

33 Roland Barthes, *Nouveaux essais critiques*, Seuil, Paris, 1967, p. 119-120.
34 Pour mémoire, le principe d'imitation domine l'esthétique classique qui s'inspire de l'antiquité.

Les auteurs pastichés sont des modèles pour Guérin. L'abord de quelques modèles de la phrase guérinienne a été une tentative de saisir le mécanisme de l'écriture et le mode de production du texte. De la surimposition de la phrase de l'auteur à d'autres phrases préexistantes et de leur mise en regard, il résulte que le trait de style imité peut être l'épanalepse (la répétition du même verbe), la structure chiasmatique (le cas du proverbe où la phrase est engendrée par calque). Le pastiche témoigne alors de l'art de Guérin, de sa finesse d'esprit et de sa subtilité.

Que ce soit au sein du même genre ou dans des genres différents, la reprise n'est jamais tout à fait littérale : elle induit forcément une variation, en entraînant une transformation, si infime soit-elle. L'étude de l'autotexte nous a amenée à examiner la nature de la transformation opérée par l'auteur sur son propre texte. L'observation de son travail de récriture dans le cadre de l'autotexte a montré que la modification peut affecter aussi bien l'axe syntagmatique que l'axe paradigmatique. Lors de la reprise dans le même genre, la phrase est surtout engendrée par substitution. En revanche, c'est la reprise dans des genres différents qui présente un large éventail d'opérations transformationnelles. Ceci est vrai dans le sens où la phrase y est produite par synonymie, par substitution, par permutation, par ajout ou par développement. Cette série de transformations dit la marge de manœuvre dont dispose l'auteur pour passer d'un genre à l'autre.

En nous appuyant sur les concepts de direction et de signification, nous avons tenté de trouver le sens de la reprise chez Guérin. La considération des prédécesseurs et des successeurs a prouvé le caractère à la fois subi et exercé de l'influence, le pasticheur ayant été à son tour pastiché. En imitant la manière de Sophocle, de Boileau, de Racine, de Rousseau et de Sterne, Guérin s'affirme pasticheur, étant imité par Barbey d'Aurevilly et Ungaretti, il se confirme pastiché.

La reproduction partielle du contenu des *Lettres* dans *Le Cahier vert* et la réutilisation de certaines notations du journal intime dans la correspondance participent de l'économie de l'écriture.

L'imbrication de la lettre dans le *Journal* et de la poésie dans la correspondance signifie leur rapport intertextuel et l'absence des frontières entre les différents genres dans lesquels l'auteur s'est illustré. Cette continuation assure à l'écriture son caractère de quête et à l'œuvre sa dimension absolue.

Reprendre soi-même et reprendre les autres constituent la forme respectivement réfléchie et transitive de la reprise. Par elle, Guérin insiste sur ce qui a du prix à ses yeux. En reprenant son texte dans le *Journal*, l'auteur prend acte de la naissance d'un écrivain. La reprise dévoile le savoir-faire guérinien et constitue par ailleurs un aveu indirect de la valeur littéraire du texte.

Le pastiche et l'autotexte offrent à Guérin l'occasion de déployer ses talents de linguiste. Ainsi ces deux formes de reprise relèvent-elles de la compétence stylistique et révèlent-elles l'homme et l'écrivain qu'il est : ses goûts littéraires, sa personnalité et son perfectionnisme, ce qui en dit long sur sa nature et sa culture.

Naïma MEJJATI[35]

---

35 Naïma Mejjati est docteur en Littérature française. Sa thèse, soutenue à l'Université de Sfax en 2018, porte sur *L'Écriture de la douleur dans l'œuvre de Maurice de Guérin*. Assistante de l'Enseignement Supérieur à la Faculté des Lettres & Sciences Humaines de Sousse (Université de Sousse, Tunisie), elle enseigne la poésie et l'histoire littéraire au département de français.

BIBLIOGRAPHIE

CORPUS PRINCIPAL

GUÉRIN, Georges Pierre Maurice de, *Œuvres complètes*, édition critique par Marie-Catherine Huet-Brichard, collection « Bibliothèque du XIXᵉ siècle », Classiques Garnier, Paris, 2012.

CORPUS SECONDAIRE

BOILEAU, Nicolas, *Art poétique, Œuvres complètes 2*, Garnier-Flammarion, Paris, 1969, p. 85-115.
QUENEAU, Raymond, *Exercices de style*, Folio, Gallimard, Paris, 1947.
RACINE, Jean, *Phèdre*, Librairie Générale Française, Paris, 1985.
ROUSSEAU, Jean-Jacques, *Julie ou La Nouvelle Héloïse*, chronologie et introduction par Michel Launay, Garnier-Flammarion, Paris, 1967.
ROUSSEAU, Jean-Jacques, *Les Confessions 1*, chronologie, introduction, note bibliographique par Michel Launay, Garnier-Flammarion, Paris, 1968.
ROUSSEAU, Jean-Jacques, *Les Confessions 2*, chronologie et introduction par Michel Launay, Garnier-Flammarion, Paris, 1968.
STERNE, Laurence, *Lettres d'Yorick à Élisa*, traduites de l'anglais, nouvelle édition, augmentée de L'Éloge d'Élisa par M. l'abbé Raynal, Mourer cadet libraire, Lausanne, M.DCC.LXXXIV.

ÉTUDES THÉORIQUES ET CRITIQUES

ARON, Paul, « Le pastiche comme objet d'étude littéraire. Quelques réflexions sur l'histoire du genre », *Modèles linguistiques*, nº 60, 2009, p. 11-27.
BARTHES, Roland, *Nouveaux essais critiques*, Seuil, Paris, 1967.
BERTRAND, Mathilde, « Compte rendu de l'édition des *Œuvres* de Guérin », *Romantisme*, nº 157, 2012/3, p. 131-150.
COMPAGNON, Antoine, *La Seconde main ou le travail de la citation*, Seuil, Paris, 1979.
DÄLLENBACH, Lucien, « Intertexte et autotexte », *Poétique*, nº 27, 1976, p. 282-296 .
GENETTE, Gérard, *Palimpsestes. La littérature au second degré*, Seuil, Paris, 1982.
GENETTE, Gérard, « L'autre du même » *in Corps écrit*, nº 15, 1985.
RIFFATERRE, Michael, *La Production du texte*, Seuil, Paris, 1979.
VIER, Jacques, « Le Paganisme de Maurice de Guérin dans *Le Centaure* », *Cahiers de L'Association Internationale des Études Françaises*, nº 10, 1958, p. 211-223

DICTIONNAIRE(S)

Le Dictionnaire du littéraire, publié sous la direction de Paul Aron, Denis Saint-Jacques, Alain Viala, Presses Universitaires de France, Paris, 2002.

ET IN ARCADIA EGO...

Philippe Jaccottet, Maurice de Guérin
et l'Arcadie perdue

Philippe Jaccottet a découvert jeune l'œuvre de Maurice de Guérin. Une note de septembre 1996 de *La Semaison. Carnets 1995-1998*, confesse à l'occasion d'une relecture du *Cahier vert* : « Me voilà surpris, repris par ces pages comme au moment de leur découverte, en 1943 ; et peut-être plus qu'alors[1] ». Comment l'adolescent romand – en 1943, Jaccottet a tout juste dix-huit ans – a-t-il rencontré l'œuvre du poète du Cayla ? Deux influences conjointes ont pu le conduire vers celui-ci. Dans un article de juin 1966 pour la *Gazette de Lausanne*, il avoue : « Rilke a été, avec Claudel et Ramuz, l'une des trois admirations majeures de mon adolescence[2]. » Or, le fait est digne d'être noté, tant Ramuz que Rilke tenaient Guérin en grande estime. Ramuz avait commencé en 1902 à la Sorbonne une thèse sur Maurice de Guérin, thèse qu'il abandonna ensuite pour se consacrer à l'écriture, mais qui prouve à tout le moins l'intérêt qu'il lui portait. En 1947, il déclarait d'ailleurs que la découverte de son œuvre avait été pour lui « la révélation d'un monde nouveau[3] ». Rilke, quant à lui, avait traduit *Le Centaure* en allemand[4], accompagnant le texte d'une préface élogieuse. En miroir, Jaccottet, à l'époque où il découvre Guérin, s'essaie précisément à la traduction en français de poèmes de Rilke (en particulier les *Élégies de Duino*), comme le montre sa correspondance avec Gustave Roud[5]. Cette double coïncidence expliquerait

---

1   Philippe Jaccottet, *La Semaison. Carnets 1995-1998*, Paris, Gallimard, coll. « Bibliothèque de la Pléiade », 2014, p. 1034.

2   Philippe Jaccottet, « L'œuvre en prose de R. M. Rilke », in *Écrits pour papier journal. Chroniques 1951-1970*, Jean-Pierre Vidal éd., Paris, Gallimard, coll. « Les Cahiers de la NRF », 1994, p. 234.

3   Charles-Ferdinand Ramuz, préface de *Le Centaure, La Bacchante, précédés de Pages sans titre*, Lausanne, Mermod, 1947, cité *in* Jaccottet Philippe, *Œuvres*, Paris, Gallimard, coll. « Bibliothèque de la Pléiade », 2014, p. 1537 (note de Doris Jakubec).

4   Maurice de Guérin, *Der Kentauer*, traduit par Rainer Maria Rilke, Leipzig, Insel, 1911.

5   Philippe Jaccottet, *Correspondance avec Gustave Roud 1942-1976*, José-Flore Tappy éd., Gallimard, coll. « Les Cahiers de la NRF », 2002.

que le jeune Jaccottet, intrigué, ait fait l'acquisition de l'édition d'Éric Lugin publiée à Lausanne en 1943[6] : si Guérin avait retenu l'attention de Ramuz et de Rilke, que lui-même, Jaccottet, admirait passionnément, il eût été étonnant que n'existât pas une certaine « affinité élective » entre l'« enfant du siècle » et le jeune poète suisse…

Maurice de Guérin est évoqué à deux reprises par Philippe Jaccottet dans son œuvre. La première fois, il s'agit d'une simple citation dont l'auteur et la source ne sont pas même nommés[7] ; la seconde fois, au contraire, il s'agit d'une réflexion plus ample née d'une relecture des œuvres complètes en 1996[8]. En dépit de ce déséquilibre apparent, le premier passage nous semble tout aussi révélateur, voire davantage, de ce qui, chez Maurice de Guérin, interpelle Jaccottet ; c'est à celui-ci que nous nous intéresserons, Jean-Luc Steinmetz ayant, quant à lui, analysé ici le second dans son article « À partir de Philippe Jaccottet, lecteur de Maurice de Guérin[9] ».

La première allusion à Maurice de Guérin donc, dans le recueil de proses poétiques de 1970 *Paysages avec figures absentes*, s'inscrit dans le cadre d'une réflexion de Jaccottet sur son rapport privilégié au pays élu de Grignan, où il s'est installé définitivement en 1953, et qu'il qualifie de « paradis » – le mot, on va le voir, a toute son importance, puisqu'il cherche à comprendre pourquoi c'est ce terme-là, plutôt qu'un autre, qui lui est venu à l'esprit pour qualifier ce paysage qui « n'a rien qui évoque les "terres où coulent le lait et le miel"[10] ». Il en vient en particulier à décrire « une chapelle, qui fut un petit temple » dans une combe proche de la vallée du Rhône, et un vieil autel dédié aux nymphes dans l'église voisine :

> Évoquer cette simple inscription d'ailleurs plus qu'à-demi effacée semblerait suffire à faire comprendre que cet appel que j'entendais venait de très loin, du temps presque impossible à imaginer où l'on croyait que les dieux habitaient les sources, les arbres, les montagnes ; j'aurais pu me rappeler, entre tant de textes :
>
> *Escoute, bucheron, arreste un peu le bras*
> *Ce ne sont pas des bois que tu jettes à bas,*

---

6   Maurice de Guérin, *Le Cahier vert, Poèmes en prose, Trois poésies*, Éric Lugin éd., Lausanne, Guilde du livre, 1943.

7   Voir Philippe Jaccottet, *Paysages avec figures absentes*, in *Œuvres, op. cit.*, p. 469.

8   Voir Philippe Jaccottet, *La Semaison. Carnets 1995-1998*, in *Œuvres, op. cit.*, p. 1033-1036.

9   Jean-Luc Steinmetz, « À partir de Philippe Jaccottet, lecteur de Maurice de Guérin », in *L'Amitié guérinienne*, n° 197, 2018, p. 65-74.

10 Jaccottet Philippe, *Paysages avec figures absentes*, in *Œuvres, op. cit.*, p. 469.

> *Ne vois-tu pas le sang, lequel degoute à force,*
> *Des Nymphes qui vivoient dessous la dure escorce ?*

Ou encore :

> *Au temps où je veillais dans les cavernes, j'ai cru voir quelquefois que j'allais*
> *surprendre les rêves de Cybèle endormie...*

> Ce n'eût pas été m'égarer, et le mot « paradis », c'est bien vers ce monde-là
> qu'il orientait sourdement ma réflexion[11].

On l'aura compris, la citation de Maurice de Guérin fait immédiatement suite à celle de Pierre de Ronsard. Cet extrait du *Centaure*[12] est ici convoqué pour figurer un monde perdu, celui d'une Antiquité fantasmée où les dieux étaient partout présents. Or ce thème est d'une importance cruciale dans la poétique de Philippe Jaccottet. Le « paradis » que son imaginaire convoque au contact de Grignan n'est pas l'Éden biblique mais l'Arcadie mythique, païenne, celle des nymphes et des dieux, des centaures et des bacchantes. Pour autant, c'est bien une Arcadie perdue qu'il évoque, signe d'une résurgence très forte du mythe de la Chute : tout, dans son texte, fait signe vers un passé très lointain, dont il ne reste que des traces « à-demi effacées ». Autrement dit, l'Arcadie n'existe plus qu'à l'état de souvenir. Nombre de ses réflexions, en particulier dans les textes les plus anciens (*Observations. 1951-1956*, *La promenade sous les arbres...*), font état d'un sentiment de perte, de rupture, par rapport à un état du monde et de la poésie – les deux étant bien sûr étroitement liés – pré-moderne. Ainsi, il peut noter : « Dans la poésie de ces époques matinales[13], les choses sont à la fois très réelles et très légères ; aujourd'hui elles sont pesantes et pourtant sans aucune réalité[14] ». Il éprouve intensément la nostalgie d'une plénitude enfuie, plénitude dont faisait état une poésie que Schiller aurait qualifiée de « naïve », par rapport à la poésie moderne « sentimentale » :

> Il semblerait qu'en nous éloignant de l'origine, nous nous soyons en
> effet éloigné aussi d'une source de force, d'un centre de vie, d'une espèce
> de plénitude intérieure. [...] L'impression tout à fait particulière que nous
> retirons par exemple de la lecture d'Homère, mais aussi bien de celle de
> textes orientaux plus anciens encore (impression peut-être trompeuse, il est

---

11 *Ibid.*, p. 470-471.
12 Maurice de Guérin, « Le Centaure », in *Œuvres complètes*, Marie-Catherine Huet-Brichard éd., Paris, Classiques Garnier, coll. « Bibliothèque du XIXᵉ siècle », 2012, p. 332.
13 Il songe ici en particulier aux civilisations mésopotamiennes (Sumer, Babylone...).
14 Philippe Jaccottet, *Observations. 1951-1956*, in *Œuvres, op. cit.*, p. 31.

vrai), est que le poète était alors au cœur même de cette plénitude et n'en avait donc pas conscience ; alors que depuis nous n'aurions cessé de nous en éloigner, de sorte que les poèmes des époques postérieures parlent plutôt de la nostalgie, de la recherche, ou de la brusque et éphémère redécouverte, de cette plénitude[15].

Jaccottet fait de Hölderlin le premier poète moderne à s'être rendu compte de cette perte, Hölderlin qui, à vingt ans, « s'imaginait encore, ou faisait sans le savoir semblant de s'imaginer qu'une lumière pareille à celle de la Grèce antique l'inondait[16] », avant de prendre peu à peu conscience de façon tragique d'un éloignement de la lumière originelle, d'un assèchement de la source poétique :

> La crainte de perdre la voix, je ne crois pas qu'elle soit concevable avant lui, ou, plus exactement, avant les temps modernes. Avant, aucun doute ne semble jamais s'être élevé quant à la poésie elle-même. Cette crainte ouvre une faille dans l'esprit poétique et, désormais, l'œuvre sans faille n'est plus possible. Seule est encore concevable une œuvre en quelque sorte blessée qui cherche à refermer sa blessure et y parvient sans jamais y parvenir[17].

Ce n'est pas tant le monde qui a changé que notre façon de le percevoir – de l'*habiter* pour reprendre la formule de Hölderlin lui-même, « l'homme habite poétiquement le monde » (« *dichterisch wohnet der Mensch* ») : « La lumière du monde n'est pas moins pure qu'au temps des Grecs ; mais moins proche, et nos paroles moins limpides[18]. »

Néanmoins, un espoir subsiste, puisque Jaccottet fait aussi sien le précepte de Novalis, lequel fait retour à maintes reprises dans son œuvre : « Le Paradis est en quelque sorte dispersé sur la terre entière, diffusé partout, – et c'est pourquoi il est devenu si méconnaissable. Ses traits épars doivent être réunis, son squelette réhabillé. Une "régénération" du Paradis[19] ». Réunir les fragments du Paradis : ce sera, bien évidemment, la tâche du poète. Le Paradis est toujours là, mais caché ; à l'occasion d'une brève épiphanie, il peut redevenir accessible à celui qui le cherche.

Or, cette conception du monde et de la poésie fait fortement écho aux conceptions guériniennes, telles qu'elles transparaissent en particulier dans *Le Centaure*. On pourrait dire que, chez Guérin, le mythe du Paradis perdu intervient à deux niveaux, créant une tension interne.

---

15 Philippe Jaccottet, *La promenade sous les arbres*, in *Œuvres, op. cit.*, p. 120.
16 Philippe Jaccottet, *Observations. 1951-1956*, in *Œuvres, op. cit.*, p. 45.
17 *Ibid.*, p. 64.
18 *Ibid.*, p. 46.
19 Novalis, cité in Philippe Jaccottet, *Observations. 1951-1956*, in *Œuvres, op. cit.*, p. 53.

D'une part, c'est sans doute la nostalgie de cette plénitude poétique originelle qui le pousse à investir un univers littéraire peuplé de dieux et de créatures issues de l'Antiquité gréco-romaine. Dans *Le Centaure*, les « dieux » sont partout – ou, plus précisément, leur évocation sature le texte : le terme « dieux » revient une quinzaine de fois, sans compter les quelques occurrences au singulier et la nomination de certains d'entre eux : Cybèle, Pan, Apollon. On est bel et bien transportés dans une Arcadie mythique : Guérin chercherait ainsi à combler le fossé qui le sépare de cette source poétique pour pouvoir s'y régénérer. Comme le note Marie-Catherine Huet-Brichard, « Si Guérin se tourne vers l'antiquité, ce n'est pas seulement par goût personnel ou parce qu'influencé par sa formation mais parce que le monde, tel que le concevaient les Anciens, répond au désir d'un univers habité par le Sacré[20] ». C'est là une motivation exactement similaire à celle de Philippe Jaccottet.

Mais, et c'est ici qu'intervient la tension, au sein même de l'Arcadie du *Centaure*, les dieux sont cachés, leurs desseins sont impénétrables, et la filiation avec les mortels a été brisée. C'est ce que montre exemplairement la suite de la phrase que Jaccottet commence de citer, sans aller jusqu'à son terme :

> Au temps où je veillais dans les cavernes, j'ai cru quelquefois que j'allais surprendre les rêves de Cybèle endormie, et que la mère des dieux, trahie par les songes, perdrait quelques secrets ; mais je n'ai jamais reconnu que des sons qui se dissolvaient dans le souffle de la nuit, ou des mots inarticulés comme le bouillonnement des fleuves[21].

Autrement dit, les mortels cherchent à accéder aux dieux, et à les comprendre, mais ces derniers dissimulent leur savoir, et restent inaccessibles. De nombreux passages du texte reviennent sur cette idée fondamentale ; ainsi, Chiron déclare : « Les dieux jaloux ont enfoui quelque part les témoignages de la descendance des choses ; mais au bord de quel océan ont-ils roulé la pierre qui les couvre, ô Macarée[22] ! »

Comme le montre à nouveau Marie-Catherine Huet-Brichard dans son article « Quand les mortels veulent voler le secret des dieux... *Le Centaure* ou le sens d'une aventure poétique[23] », le monde du *Centaure* est hanté

---

20 Marie-Catherine Huet-Brichard, *Maurice de Guérin. Imaginaire et écriture*, Paris, Lettres modernes, coll. « Bibliothèque des Lettres modernes », 1993, p. 239.

21 Maurice de Guérin, *Le Centaure*, in *Œuvres complètes, op. cit.*, p. 332.

22 *Ibid.*, p. 334.

23 Marie-Catherine Huet-Brichard, « Quand les mortels veulent voler le secret des dieux... *Le Centaure* ou le sens d'une aventure poétique », in *L'Amitié guérinienne*, n° 196, 2017, p. 71-80.

par l'idée d'une totalité perdue, d'une plénitude à jamais inatteignable. En effet, la filiation entre les dieux et les mortels a été interrompue : les premiers ont refusé de transmettre leur savoir aux seconds, les seconds se sont révoltés contre les premiers et ont été punis. « Depuis lors, les centaures ou les hommes cherchent désespérément à récupérer ce sans quoi ils s'estiment incomplets[24]. » Plus précisément encore,

> La totalité originelle s'incarne dans la figure des dieux ; la création est le résultat d'une séparation, et la créature, aspirant à revivre l'unité primordiale, cherche à retrouver en elle des traces ou des « débris de sa divinité perdue[25] ».

Cette perte de la plénitude originelle, qui est exemplifiée par le mythe de la rupture entre les dieux et les mortels, est rejouée à l'échelle individuelle : c'est durant sa petite enfance, alors qu'il n'a pas encore quitté la caverne où sa mère lui a donné le jour, que Macarée a pu « goûter la vie toute pure et telle qu'elle [lui] venait sortant du sein des dieux[26] ». La sortie de la caverne, qui équivaut symboliquement à l'expulsion du ventre maternel, marque la fin de cette période simple et innocente. Quant aux humains, ils apparaissent aux yeux des centaures comme des êtres mutilés, « la moitié de [leur] être » (puisqu'ils n'en ont pas la partie animale) : « Sans doute c'est un centaure renversé par les dieux et qu'ils ont réduit à se traîner ainsi[27] ».

La pensée de la perte et la nostalgie d'une plénitude rêvée se retrouvent ainsi à tous les niveaux : les mortels sont séparés des dieux ; l'homme est un être mutilé ; l'adulte a perdu la perfection de l'enfance.

On peut dès lors saisir la parenté de pensée entre Philippe Jaccottet et Maurice de Guérin. Dans les deux cas, il y a nostalgie de l'origine et volonté pour le poète de retrouver l'Arcadie perdue, c'est-à-dire, en définitive, de réinstaurer un rapport au monde marqué par le Sacré. Bien entendu, la vision de l'un comme de l'autre s'inscrit dans l'histoire des idées de leur temps. Maurice de Guérin reprend à son compte les interrogations de la génération romantique sur la faute et l'exil du Paradis ; Philippe Jaccottet, quant à lui, a sans doute davantage en tête la phrase de Hölderlin sur les « temps de détresse » (*dürftiger Zeit*) auxquels est confronté le poète. Plus largement, tous deux s'inscrivent dans une

---

24 *Ibid.*
25 Marie-Catherine Huet-Brichard, « Préface » aux *Œuvres complètes* de Maurice de Guérin, *op. cit.*, p. 25.
26 Maurice de Guérin, *Le Centaure*, in *Œuvres complètes*, *op. cit.*, p. 328.
27 *Ibid.*, p. 329.

pensée platonicienne ; ainsi, on ne peut qu'être frappé par la similitude de conception du monde chez les deux poètes. On peut en particulier songer à cette note de Guérin du 15 mars 1833 :

> Qu'est devenu cet œil intérieur que Dieu nous a donné pour veiller sans cesse sur notre âme, pour être le témoin des jeux mystérieux de la pensée, du mouvement ineffable de la vie dans le tabernacle de l'humanité ? Il est fermé, il dort ; et nous ouvrons largement nos yeux terrestres, et nous ne comprenons rien à la nature, ne nous servant pas du sens qui nous la révèlerait réfléchie dans le miroir divin de l'âme. Il n'y a pas de contact entre la nature et nous : nous n'avons l'intelligence que des formes extérieures, et point du sens, du langage intime, de la beauté en tant qu'éternelle et participant à Dieu, toutes choses qui seraient limpidement retracées et mirées dans l'âme, douée d'une merveilleuse faculté spéculaire. Oh ! Ce contact de la nature et de l'âme engendrerait une ineffable volupté, un amour prodigieux du ciel et de Dieu[28].

Cherchant à préciser ce qu'est pour lui « l'expérience poétique », Jaccottet en vient assez vite à la même conception :

> J'en vins à imaginer [...] que la réalité était comme une sphère, dont nous parcourions le plus souvent les couches superficielles, dans le froid, l'agitation et le détachement ; mais qu'il nous arrivait cependant, à la faveur de certaines circonstances sur lesquelles il me faudrait également revenir, de nous rapprocher de son centre ; de nous sentir alors plus lourds, plus forts, plus rayonnants[29]...

Dans les deux cas, c'est bien une identique vision qui s'exprime, à travers une opposition de l'extérieur / du superficiel et de l'intérieur / du centre : en temps normal, l'homme reste « à l'extérieur » des choses, les contemple « du dehors » ; mais Guérin comme Jaccottet a pressenti qu'il est possible d'accéder à une réalité supérieure, de pénétrer pour ainsi dire « à l'intérieur » des choses, de saisir leur sens intrinsèque et d'en retirer un sentiment de plénitude et de fusion. Le mythe de l'Arcadie symboliserait dès lors cet idéal de communion parfaite avec le monde, ressenti non comme une singularité mais comme l'état normal de l'homme ; or, on l'a vu, l'Arcadie de Guérin est déjà une Arcadie à

---

28 Maurice de Guérin, *Le Cahier vert*, in *Œuvres complètes*, *op. cit.*, p. 46. Marie-Catherine Huet-Brichard a en outre montré que ces idées de Guérin étaient fortement influencées par celles de son « maître à penser » Félicité de Lamennais, qui écrit quant à lui dans *Paroles d'un croyant* : « Le monde réel est voilé par vous ; Celui qui se retire au fond de lui-même l'y entrevoit comme dans le lointain. De secrètes puissances qui sommeillent en lui se réveillent un moment, soulèvent un coin du voile que le temps retient de sa main ridée, et l'œil intérieur est ravi des merveilles qu'il contemple. »

29 Philippe Jaccottet, *La Promenade sous les arbres*, in *Œuvres*, *op. cit.*, p. 80.

moitié perdue, et la quête du centaure Macarée, qui rêve de percer les secrets des dieux, serait similaire à celle du poète qui cherche à pénétrer au cœur du réel.

Une autre correspondance souligne la parenté de pensée entre les deux poètes, cette fois-ci à un niveau plus esthétique que philosophique. Le monde de l'Arcadie, c'est aussi celui qu'a peint Nicolas Poussin – il suffit de songer à son tableau « Les bergers d'Arcadie », sur lequel figure la fameuse inscription *Et in Arcadia ego*[30]. Il se trouve que pour Jaccottet comme pour Guérin, l'œuvre de Poussin est une référence majeure. Guérin le cite dans une lettre à Barbey du 7 juin 1838[31] ; Barbey d'Aurevilly lui-même, avec clairvoyance, compare les poèmes en prose de Guérin à des paysages de Poussin ou du Lorrain dans une lettre à Trebutien : « [...] figurez-vous, dans une langue athénienne de pureté, de transparence et de contours sinueux et rêveurs, une combinaison inouïe de Claude Lorrain et de Nicolas Poussin, fondus et transportés du monde plastique dans le monde littéraire[32]... » Pour Jaccottet, Poussin est précisément de ceux dont l'œuvre « [semble] confirmer l'intuition d'un ordre souverain, d'un Paradis tout proche de nous[33] » ; il développe cette idée dans un article de la *Nouvelle Revue de Lausanne* en 1964 :

> [...] pour Poussin l'antique n'était plus un décor, les dieux des ornements de plafond, [il les] sentait présents dans l'épaisseur même de la matière, dans les assises mêmes de notre vie, comme allait le faire, cent cinquante ans plus tard, un autre génie de la lumière, Hölderlin [...]. Car les dieux grecs peuvent être morts, et le Christ après eux, il nous semble que c'est dans les derniers paysages de Poussin, ceux où il n'y a presque plus de scènes, de nymphes, de héros ou de prophètes, ceux où les personnages, extrêmement petits ou extrêmement grands comme Orion ou Polyphème, se confondent avec la puissance désormais triomphante de la nature, que c'est dans ces paysages (en particulier les *Quatre Saisons*) que le divin est le plus saisissable, le moins douteux[34].

---

30 « simple inscription d'ailleurs plus qu'à-demi effacée », pour reprendre les termes de Jaccottet, qui s'appliqueraient tout à fait à une description du tableau de Poussin (Musée du Louvre).

31 « Ma tête est dégarnie de fantômes que les sons y avaient assemblés, Virgile, le Poussin, Claude Lorrain et de plus doux encore : je suis rentré dans ma solitude », lettre à Jules Barbey d'Aurevilly, 7 juin 1838, cité in Maurice de Guérin, *Œuvres complètes, op. cit.*, p. 962.

32 Jules Barbey d'Aurevilly, *Correspondance générale*, t. 3, Annales littéraires de l'Université de Besançon, Les Belles Lettres, 1983, p. 253, cité in Maurice de Guérin, *Œuvres complètes, op. cit.*, p. 21.

33 Philippe Jaccottet, Écrits pour papier journal. *Chroniques 1951-1970, op. cit.*, p. 211.

34 *Ibid.*

En lisant Guérin, on peut faire l'hypothèse que Jaccottet, comme Barbey, a songé aux paysages de Poussin, et qu'il y a retrouvé ce « divin », ce sacré auquel lui-même aspire. De fait, il écrit, dans sa seconde note consacrée à Maurice de Guérin, ces quelques lignes ferventes que nous reprenons à notre compte :

> Quant au *Centaure* qui s'ouvre aussi sur l'image d'une grotte, qui confond le temps et les fleuves et qui s'achève lui aussi dans un decrescendo admirablement apaisé, qu'en dire, sinon que c'est pour la fusion de la nature et du mythe dans la musique, ici verbale, là picturale, un grand tableau de Poussin que voilerait seulement, étant plus vieux de deux siècles, plus de mélancolie[35] ?

Sarah LÉON[36]

---

35 Philippe Jaccottet, *La Semaison. Carnets 1995-1998*, in *Œuvres, op. cit.*, p. 1037.

36 Sarah Léon, normalienne, élève du Conservatoire national supérieur de musique de Paris, est agrégée de lettres modernes. Elle prépare une thèse de littérature comparée à l'Université de Strasbourg. Elle a publié en 2016 un roman, *Wanderer* (éditions Héloïse d'Ormesson).

À PROPOS DU CAYLA D'ANDILLAC

Qui connaît le Cayla ?
Gentilhommière perchée,
Protégée de forêts,
Gardienne de secrets,
Mais qui accueillera
Celui qui cherche à voir
L'habitation hantée
Par la Dame des Lieux :
Eugénie de Guérin
Et son frère Maurice
Flirtant avec Paris
Et ses amis lointains.
Barbey d'Aurevilly
Avec d'autres amis
Formaient un cercle étroit
Très à la mode alors,
Où la littérature
Et la philosophie
Avec d'autres plaisirs
Remplissaient bien leur vie.
La grande sœur veillait
Sur ce frère chéri
Redoutant les passions
Qui s'infiltraient en lui.
Elle ne put arrêter
Ce qui fut maladie
Où le cœur d'Eugénie
A déversé sur lui
Un amour infini.

Maîtresse du Cayla,
Acceptant les travaux

Ennuyeux et faciles,
Et les développant
En y mettant une âme,
Nourrie de chaque instant
Qu'elle traduit par écrit
Avec tout son talent,
Mais surtout tout son cœur.
Dans son journal intime
Son âme transparaît,
Nombreuses lettres aussi
À Louise de Bayne
Sa très chère cousine.

Le Cayla, c'est cela
Habité de culture,
Clôture invisible
Qui protège les lieux :
La grande cheminée,
La chambre d'Eugénie,
La cuisine authentique,
Et puis ces documents
Toujours intéressants
Font partie du Musée.

L'Amitié Guérinienne
Qui a plus de cent ans,
Conserve dans ses rangs
D'éminents éléments.
Une fois dans l'année,
En plein mois de juillet,
Eugénie et Maurice
Sont alors célébrés.
Une idée à creuser :
Marcher dans le château,
Marcher dans les chemins,
Écouter le ruisseau
Tout au fond du coteau,
Rajeunir les icônes
En marchant sur leur pas.

Qui ouvre un autre monde ;
Se laissant pénétrer
De la magie des lieux,
Où la nature abonde
Tempérant les effets
De ce monde obscurci.
La beauté parle ici
Un langage vivant :
Le Cayla nous attend !

Marguerite DERRIEUX[1]
Lincarque, jeudi 29 août 2013

---

1   Marguerite Derrieux a offert à la bibliothèque du musée du Cayla un exemplaire de son
    recueil de poèmes, *Les Trésors de maman Ita*. La dédicace en est : « La Crouse de Lincarque,
    11 mai 2020. / En tant qu'ancienne élève de l'école Eugénie de Guérin, rue du Château
    du Roy, à Gaillac, à l'âge de 5 ans en 1929… J'ai toujours été très attachée à Eugénie et
    fière de faire partie des Amis des Guérin. / Avec ma plus grande joie de poursuivre cette
    œuvre si chère à mon cœur. »

FILER LE TEMPS

L'horizon noir d'Eugénie de Guérin

> Que ne fait sentir et souffrir le seul
> pressentiment, cette ombre de l'avenir,
> quand elle nous passe sur l'âme !
> Eugénie DE GUÉRIN, *Journal*, 1er janvier
> 1840[1]

Qui aujourd'hui demeure indifférent au charme du Cayla ? Ce lieu préservé offre au visiteur une parenthèse hors du temps : si la route qui y conduit est asphaltée, si un tracteur s'y laisse parfois entendre, le château semble traverser les années, immuable, dressé sur la hauteur en gardien protecteur d'un passé qui ne demande qu'à perdurer. Un asile étranger aux rumeurs du monde et aux vicissitudes de l'Histoire, un refuge apaisé et désirable... mais pour qui reprendra sa voiture dans quelques heures et mènera sa vie ailleurs.

Qui ne fait qu'une courte halte prête volontiers ses sentiments d'abandon, de sérénité et d'apaisement à celle qui incarne le génie de ce lieu : Eugénie de Guérin. Il imagine la jeune femme vaquant à ses occupations domestiques, ou lisant, priant, méditant, ou encore écrivant dans le retrait de la chambrette une lettre ou une note de son journal : vignette d'un bonheur simple, fondé sur la répétition des mêmes gestes, dans un accord harmonieux avec les siens, avec le milieu environnant, avec la nature, et avec Dieu. Cette représentation n'est pas fausse, mais elle n'est que partiellement juste, car, pour celle qui vécut non en marge, mais au cœur du Cayla, les aiguilles des horloges ne cessèrent jamais de tourner.

Et Eugénie de Guérin ne sait pas savourer le bonheur de l'instant. Son présent est toujours abîmé par l'inquiétude de l'avenir. Elle refuse

---

1   Édition utilisée : Eugénie de Guérin, *Journal*, édition d'Émile Barthés, Albi, 1934.

et, dans le même temps, ne peut s'empêcher de se projeter dans un futur qu'elle prévoit noir et inquiétant.

La note du *Journal* du 19 février 1838 illustre de façon exemplaire le fonctionnement de son mal. Commençant un de ces nouveaux cahiers qu'elle destine à son frère Maurice, elle s'interroge : « Que mettrai-je, que dirai-je, que penserai-je, que verrai-je avant d'être au bout ? Y aura-t-il bonheur ou malheur, y aura-t-il ?... »

Son éducation morale et religieuse cependant lui interdit d'explorer plus avant ses angoisses, elle se reprend donc, mais pour avouer de façon détournée et très générale ce qui l'obsède : « Mais qu'importe, je prendrai ce qui me viendra, comme fait là-bas le ruisseau. Ces recherches sur l'avenir ne servent qu'à se tourmenter, parce que ordinairement on y voit plus de peines que de plaisirs. Malades, morts, affligés que sais-je les fantômes qu'on rencontre dans cette obscurité[2]. »

Et, tout aussitôt, négligeant les précautions qu'elle vient de se dicter, elle rapporte qu'elle a pensé la veille que son père pourrait avoir une attaque et mourir de la même façon que son grand-père, à un âge semblable et aussi brutalement. Elle précise ensuite qu'elle ne pourra jamais quitter sa famille et que le seul bonheur possible – avoir Maurice près d'elle – est inenvisageable. La conclusion sous forme de leçon s'impose : « Tristesse à présent et amertume : voilà pour avoir touché à l'avenir[3] ! »

Elle a donc beau se tenir sur ses gardes, le futur la hante.

Certes, les sujets d'alarme ne lui manquent pas : un père souvent souffrant, un frère éloigné puis malade, sa sœur Marie et elle-même incertaines de leur sort si jamais Érembert se marie, le manque d'argent, etc. Le pire est pour elle toujours certain et, hélas, elle ne se trompe que rarement. Maurice n'écrit pas ? « Mon Dieu, que ton silence m'a fait souffrir, que de tourments, que d'imaginations, de suppositions, de tristesse[4] ! » Comme si, cependant, les difficultés réelles qui sont les siennes ne lui suffisaient pas, elle cherche toute occasion ou tout prétexte pour concrétiser, approfondir, exacerber ses peurs. Elle s'enferme ainsi dans une spirale infernale : elle nourrit elle-même ce mal qui la ronge et auquel elle voudrait échapper et elle le fait selon de subtiles et multiples variations.

---

2   19 février 1838, p. 123.
3   *Ibid.*, p. 124.
4   24 mars 1838, p. 131.

Ainsi les fêtes, célébrations, dates rituelles, la ramènent à des pensées funèbres. Le jour des Cendres, jour de pénitence, conduit naturellement tout chrétien à s'interroger sur le lien entre le péché et la mort, mais Eugénie de Guérin passe irrésistiblement de la méditation d'ordre général à sa situation singulière et donc à son frère Maurice : « Ce *memento pulvis es* est terrible ; tout aujourd'hui je l'entends, je ne puis me distraire de la pensée de la mort, surtout dans cette chambre où je ne te vois plus, où je t'ai vu mourant, où ta présence et ton absence me sont de tristes images[5]. »

De même, en écoutant le son joyeux de la nouvelle cloche de l'église d'Andillac, elle ne se réjouit pas, mais cède à son penchant mélancolique. Faisant involontairement écho à la méditation de René, le héros de Chateaubriand, elle évoque sa propre disparition :

> Mélange religieux de joie, de deuil, de temps, d'éternité, berceaux, cercueils, ciel, enfer, Dieu. La cloche annonce tout cela, me l'a mis dans l'esprit à présent. Oh ! surtout, je pense quel premier glas elle sonnera, pour qui ? Je le marquerai. À quelle page ? Peut-être ne le marquerai-je pas. Quel vivant peut se dire : « Je parlerai d'un mort ? » Mon Dieu, nous passons si vite[6] !

Elle libère donc dans son *Journal* ses mauvais et innombrables pressentiments et que sont ceux-ci sinon la projection sur le futur de ses angoisses présentes ? S'inquiétant de Maurice, elle anticipe le malheur à venir :

> C'était bien vrai, mes pressentiments : tu es malade, tu as eu trois accès, tu tousses[7].

> Je ne puis voir une feuille verte sans penser qu'elle tombera bientôt et qu'alors les poitrinaires meurent. Mon Dieu, détournez ces pressentiments, guérissez-moi ce pauvre frère[8] !

---

5   28 février 1838, p. 126. « Que m'arrivera-t-il, ô mon Dieu, cette année ? Je n'en sais rien, et quand je le pourrais, je ne voudrais pas soulever le rideau de l'avenir. Ce qui s'y cache serait peut-être trop effrayant : pour soutenir la vue des choses futures, il faut être saint ou prophète. » (1er janvier 1840, p. 244).

6   27 mai 1838, p. 154. Voir *René* : « Tout se trouve dans les rêveries enchantées où nous plonge le bruit de la cloche natale : religion, famille, patrie, et le berceau et la tombe, et le passé et l'avenir. »

7   27 mars 1838, p. 132. Caroline évoque-t-elle la tristesse de Maurice dans une de ses lettres ? « J'ai de tristes pressentiments » note aussitôt Eugénie (9 avril 1838, p. 142). Et, après la mort de son frère, elle écrit à l'intention de Barbey d'Aurevilly : « Il y a dans les tristes événements quelque chose qui les précède, un bruit de malheur qui se répand. Quand Maurice était malade à Paris, nous en souffrions ici avant qu'il l'eût écrit. » (3 novembre 1839, p. 232).

8   21 mai 1839, p. 212.

Et il ne lui suffit pas de voir l'avenir en noir, elle justifie ses pressenti-ments, elle leur donne un sens en construisant des rapprochements entre une situation passée, évidemment sinistre, et sa situation actuelle. Le 3 février 1838, Érembert lui apprend que Maurice est parti de Gaillac un vendredi : « Ce fut un vendredi aussi que tu partis pour la Bretagne. Ce jour n'est pas heureux, maman mourut un vendredi, et d'autres événements tristes que j'ai remarqués. Je ne sais si l'on doit croire à ces fatalités des jours[9]. »

Maurice est à Paris ? Elle met en parallèle son sort avec celui de son cousin Victor Mathieu, décédé en 1828 : « Il [l'air de Paris] te tuera, il a tué le pauvre Victor. Je tremble qu'il n'y ait cette ressemblance de plus entre vous[10]. »

Tout lui apporte une preuve du bien-fondé de peurs que même ses rêves viennent concrétiser : « La nuit, en songe, j'ai vu ton lit tout en flammes. Que signifient ces craintes de nuit et de jour que tu me donnes[11] ? » Dans une note d'août 1838, elle raconte s'être s'allongée sur le lit où son frère a été malade et guéri l'été précédent : « Tout cela s'est mis avec toi sur ce lit, j'ai vu, revu, pensé, béni, puis un petit sommeil et un rêve où je me trouvais seule dans un désert entre un serpent et un lion ; la frayeur m'a réveillée. » Elle ajoute : « Jamais je n'ai vu de lion que celui-là, mais c'en était bien un[12]. » Elle ne propose aucune interprétation de son rêve, mais elle connaît trop bien les textes sacrés pour ne pas songer à la dimension symbolique des deux animaux cités.

Elle possède aussi l'art de cristalliser ses diverses peurs en des images fortes et ramassées. Ce ne sont parfois que des comparaisons : quand le domestique ramène au Cayla les chevaux qui ont accompagné le départ de Maurice le 26 janvier 38, il lui semble « voir le retour d'un convoi[13]. »

Ce processus de condensation qui rappelle celui du rêve en vient parfois à déformer ou à transformer la réalité qui s'offre à ses yeux. Elle est à Paris, c'est la nuit, Maurice a une crise et crache le sang :

> La moindre alarme me mène à la mort, et toute la nuit j'ai vu un cercueil, un réel cercueil que formait mon manteau sur le bois du lit à mes pieds, et, tout près, ma jupe blanche s'arrangeait avec la couverture pour me figurer un squelette. Je savais que ce n'était rien que des plis qui prenaient ces formes,

---

9   3 février 1838, p. 115.
10   15 mai 1838, p. 150.
11   19 mars 1838, p. 131.
12   10 août 1838, p. 167.
13   26 janvier 1838, p. 111.

mais pourquoi ces formes en ce moment, pourquoi la mort en image devant les yeux et en menace dans le cœur, pourquoi[14]…?

Elle se rappellera dans son *Journal* que le jour du mariage de son frère il y eut « la rencontre dehors avec un char funèbre[15] » et qu'elle ne vit ensuite que « draperies mortuaires dans ce salon où l'on dansait[16] ».

Elle se souvient de même des signes sinistres qui orchestrèrent sa séparation d'avec Mme de Maistre avant qu'elle n'accompagne Maurice dans son ultime retour au Cayla en juin 1839 :

> Marie, Marie, avec quels tristes pressentiments nous nous sommes quit-tées ! J'ai toujours en souvenir ce dernier regard qu'elle me fit à la fenêtre, enveloppée d'une mante noire. Elle m'apparut comme le deuil en personne au dernier moment, au dernier regard aussi que je tournais de son côté, la voiture roulant[17].

Quelles sont ses défenses ou ses armes pour échapper à cette angoisse qu'elle entretient et qui la crucifie ? Sa foi et sa religion manifestées dans la prière :

> Je souffrais ce matin : la mort, les larmes, les séparations, notre triste vie me tuaient, et, par-dessus, des appréhensions, des frayeurs, des déchirements, une griffe de démon dans l'âme, je ne sais quelle douleur commençait. Et bien ! me voilà calme à présent et je le dois à la foi, rien qu'à la foi, à un acte de foi[18].

Elle s'efforce à une résignation toute chrétienne. « La raison des choses est en Dieu[19] », écrit-elle le 26 janvier 1840, faisant écho à la parole de saint Paul de l'Épître aux Romains (XI, 33) : « Quelle profondeur dans la richesse, la sagesse et la science de Dieu ! Ses décisions sont insondables, ses chemins sont impénétrables ! »

C'est à cet article de foi qu'elle se réfère dans ces rares moments heureux où les événements, de façon inattendue, semblent se combiner pour un mieux inespéré. En février 1838, quand elle est rassurée sur le sort de Maurice pris en charge par sa fiancée Caroline, elle note dans son *Journal* : « Je vois dans tout ceci un arrangement de la Providence qui mène tout pour ton bien. […] Ne vois-tu pas quelque chose là,

---

14 20 janvier 1839, p. 187.
15 16 novembre 1839, p. 236.
16 3 octobre 1839, p. 227.
17 30 avril 1840, p. 282.
18 2 avril 1838, p. 136.
19 26 janvier 1840, p. 254-255.

quelque divine main qui arrange ta vie[20] ? » Même lecture s'impose à elle en décembre 1840, quand elle séjourne chez Mme de Maistre, dans un milieu où elle est alors choyée : « Je ne puis m'empêcher de voir la Providence claire comme un plein jour dans certains événements de la vie, non qu'elle ne soit en tous, mais plus ou moins manifestée[21]. »

Et c'est toujours la parole de Paul qui oriente ou dicte sa pensée dans les difficultés de l'existence :

> La vie d'une certaine façon se fait sans nous. Quelqu'un au-dessus de nous la dirige, en produit les événements, et cette pensée m'est douce, me rassure de me voir dans les soins d'une providence d'amour. Quelque malheureux que soient les jours, je me dis, et je crois, qu'ils ont un bon côté que j'ignore : celui qui est tourné vers l'autre vie, l'autre vie qui nous expliquera celle-ci, si mystérieusement triste. Oh ! là-haut, il y a quelque chose de mieux[22].

Cette leçon de Paul qui implique une sagesse apaisée, enfin conquise, sagesse de celui qui a su dépasser le désespoir et la révolte, est en rivalité dans son âme avec une autre parole qui exprime, elle, la souffrance et les luttes intérieures, parole du Christ au jardin des Oliviers. C'est à ce Dieu si humain qu'elle fait appel lorsque le mariage de son frère se trouve contrarié par des questions d'argent :

> Que je voudrais en être délivrée ! que de fois je dis à Dieu : « S'il est possible, éloignez de moi ce calice ». Oui, mon ami, je l'éloigne et le reprends, je te vois tantôt heureux, tantôt malheureux, je veux et ne veux pas ton mariage. Que la volonté de Dieu se fasse ! Le vouloir humain doit se perdre en celui-ci. Sans cela point de repos ni de lumière ni de sûreté[23].

Elle recourt à la même référence évangélique lors de la maladie de son frère pour résoudre le paradoxe apparent de la prière, ce lieu où coexistent le désir d'obtenir quelque don de la part de Dieu et la soumission à la volonté divine :

> Je ne sais si ce sont de bonnes prières que celles qu'on fait avec tant d'affection humaine, tant de vouloir sur le vouloir de Dieu. Je veux que mon frère guérisse, c'est là mon fond, mais un fond de confiance et de foi et de résignation, ce me semble. La prière est un désir soumis. *Donnez-nous notre pain, délivrez-nous du mal, que votre volonté soit faite.* Le Sauveur, au jardin des Olives, ne fit que cela, ne pas vouloir et accepter[24].

20   17 février 1838, p. 121.
21   11 décembre 1840, p. 319.
22   28 juillet 1840, p. 302.
23   10 juillet 1838, p. 162.
24   14 avril 1839, p. 198-199.

La contradiction ainsi résolue, elle se laisse à espérer le miracle possible :

> Dans cette acceptation, dans cette libre union de la volonté humaine à la volonté divine, est l'acte le plus sublime d'une pauvre créature, le complément de la foi, la plus intime participation à la grâce qui coule ainsi de Dieu à l'homme et opère des prodiges. De là les miracles de guérison qui font partie de la puissance des saints, qui ne font qu'un avec Dieu, *consommés dans l'unité*, comme dit saint Paul[25].

À travers ces commentaires d'une grande hauteur de vue sur le désir de l'homme et la volonté de Dieu, Eugénie exprime son propre combat entre son aspiration à vivre et sa hâte d'en finir, hâte qu'évidemment elle ne s'avoue jamais clairement, mais qu'elle exprime de façon détournée quand elle ne cesse d'affirmer que le véritable bonheur n'existe qu'au-delà de l'existence terrestre ou que la solution à ses perpétuelles inquiétudes serait d'entrer au couvent : « Mon avenir serait fait alors, et je ne sais ce qu'il sera[26] », écrit-elle le 12 mai 1838. Un an plus tard, elle développe le même discours :

> Si je pouvais croire au bonheur, a dit de Chateaubriand, je le placerais dans l'habitude, *l'uniforme habitude qui lie au jour le jour* et rend presque insensible la transition d'une heure à l'autre, d'une chose à une autre chose, qui se fait voir venir de loin et arrive sans choc pour l'âme. Il y a repos dans cette vie mesurée, dans cet arrangement, dans cet enchaînement de devoirs, de plaisirs, d'études, de chants, de prières, de délassements que s'imposent les religieux, qui leur reviennent successivement comme les anneaux d'une chaîne tournante. Ils n'attendent pas ou ils savent ce qu'ils attendent, ces hommes d'habitude, et voilà l'inquiétude, l'agitation, le *chercher* de moins pour ces âmes[27].

Dans la « chaîne tournante », figure d'un temps qui se mord la queue, Eugénie de Guérin avoue aussi son désir d'anéantissement, de mort à elle-même.

Qu'est-ce que ce repos dans la répétition ? L'illusoire négation du temps, quand le futur est censé reproduire un présent qui ne fait que calquer le passé, chimère d'une durée pétrifiée. Là fut l'aspiration d'Eugénie de Guérin et là est aussi celle qui s'éveille chez le visiteur lorsqu'il se trouve au Cayla et qu'il se prend à rêver, lui aussi, à « *l'uniforme*

---

25 *Ibid.*, p. 199. Ce n'est pas saint Paul, mais saint Jean, corrige Barthés.
26 12 mai 1838, p. 149.
27 11 mai 1839, p. 209-210. Sans doute Eugénie de Guérin songe-t-elle à ce passage de *René* : « Cependant je sens que j'aime la monotonie des sentiments de la vie, et si j'avais la folie de croire encore au bonheur, je le chercherais dans l'habitude. »

habitude qui lie au jour le jour ». Cette citation, soulignée dans le *Journal*, appartient à un poème des *Harmonies poétiques et religieuses* de Lamartine, poème qui a justement pour titre « La Retraite[28] ».

Mais le temps ne suspend jamais son vol même dans les retraites les plus écartées pour peu que l'on s'y installe et que la vie y reprenne son cours ordinaire. Le refuge idéal, comme le savait la pieuse Eugénie, est toujours ailleurs, à l'horizon du temps et de l'existence. Qu'évoque d'ailleurs la dernière strophe du poème lamartinien ? Un cimetière près d'une église :

> Paix et mélancolie
> Veillent là près des morts,
> Et l'âme recueillie
> Des vagues de la vie
> Croit y toucher les bords !

Marie-Catherine HUET-BRICHARD
Université Toulouse – Jean Jaurès

---

28   « L'uniforme habitude / Qui lie au jour le jour, / Point de gloire ou d'étude, / Rien que la solitude, / La prière et l'amour. »

UNE LETTRE DE LAURE DE VIALAR

En ce début d'année 2020, un membre de la famille de Vialar, Pierre-Guillaume Demetz, nous a adressé la copie d'une lettre de Laure Félicité de Vialar.

Laure Félicité de Vialar, seconde épouse d'Augustin de Vialar, écrit à son fils Augustin-Toussaint.

Alger 1er février 1865

Vialar l'africain dont parle dans ses lettres Eugénie de Guérin, n'est autre que ton père, mon cher Augustin, quant au prince arabe, ce n'était qu'un jeune maure d'Alger, nommé Mustapha ben el Krodja pour qui ton père avait de l'amitié et auquel il fit faire et paya le voyage de France. Ce jeune homme devenu vieux est mort dernièrement à Tunis ou il avait émigré depuis longtemps et où il avait obtenu un emploi. Louise à qui plusieurs des lettres d'Eugénie de Guérin sont adressées a été la première femme de M. de Tonnac, elle-même sans s'en douter écrivait à ravir et ton père a su que l'éditeur des lettres d'Eugénie voulait aussi éditer les lettres de Louise de Bayne, il est très regrettable que ce projet n'ait pas été exécuté. Une nièce de M. de Tonnac a épousé un frère d'Eugénie de Guérin ; cette nièce n'a qu'une fille qui vient de se marier à M. Mazuc dont le frère est employé à la Préfecture d'Alger. M. de Tonnac espère que les nouveaux mariés viendront dans quelques mois le voir à Alger et dans cette prévision il cherche un logement plus vaste que celui qu'il a. Passons à un autre chapitre, nous attendons demain Alfred, nous sommes bien impatients de le revoir et d'apprendre son succès. S'il arrive de bonne heure nous te le dirons en post-scriptum mais ce n'est guère probable parce que la mer est très mauvaise et qu'il fait un vent à renverser les arbres. Ton père est un peu triste de voir qu'une partie de ses espérances pour toi ne s'est pas réalisée et il s'abonnerait en ce moment bien volontiers à être sûr que tu sortiras de l'école pour rentrer dans les tabacs. Maximin nous écrit des lettres fort raisonnables dans lesquelles il nous rend compte des opérations militaires dont les journaux d'Alger ne disent jamais un mot. Dans sa dernière lettre il nous dit que la colonne partie de Laghouat s'était dirigée vers le sud comme pour aller au Beni Mzab, mais qu'ensuite elle avait changé de direction et qu'il croyait qu'on atteindrait les arabes à l'oued Zergoun, à trois jours de marche de son campement et que probablement les arabes se trouveraient pris entre sa colonne et celle d'Oran dirigée vers ce même point. Si cela a lieu, il est peu probable qu'ils fassent quelque résistance, ils sont épuisés et accablés de maux et ne cherchent qu'à fuir sans pouvoir trouver une retraite sûre. Je n'ai pas reçu autre chose que des échantillons, si tu étais embarrassé pour quelque commission tu pourrais écrire un mot à Maria puisqu'elle n'a pas d'emploi, elle ferait de tout cœur ce que tu lui dirais. Je mets dans la lettre dix francs que bonne maman t'envoie pour tes étrennes. Tout le monde ici se porte très bien, ton père va à merveille, et si ce n'était la bourse qui est bien légère, tout irait pour le mieux.

Adieu mon cher Augustin, nous t'embrassons tous bien tendrement.

Ta mère affectionnée
L. de Vialar

La mer est toujours mauvaise, le courrier n'est pas encore arrivé, je suis dans les transes, Alfred serait-il reçu ?

Cette lettre est intéressante sur bien des points.

Situons-en d'abord les principaux acteurs.

Celle qui écrit est Laure Félicité Raffine, originaire de Grisolles, et seconde épouse de « Vialar l'Africain », alias Augustin de Vialar, né le 20 octobre 1799.

Laure de Vialar s'adresse à son fils Augustin-Toussaint qui a alors dix-neuf ans et que l'on peut imaginer en train de lire le *Journal* d'Eugénie de Guérin. Elle mentionne dans sa lettre deux autres de ses fils : Alfred, né en 1845, et Maximin, né en 1847. Elle ne dit rien de son benjamin, Henri, né en 1848.

En cette année 1865, Augustin-Toussaint est à Paris, au lycée Napoléon, l'actuel lycée Henri IV. En classe de Mathématiques Spéciales, il obtient le 8ᵉ accessit au concours Paris Versailles. Il entrera à l'École polytechnique.

La famille Vialar est originaire des environs de Castelnau de Montmiral et s'est installée à Gaillac au début du XVIIᵉ siècle. Jacques Augustin Vialar, le père de « Vialar l'Africain », a épousé Émilie Portal, la fille du docteur Antoine Portal. Ce médecin de la Cour a soigné l'aristocratie, les chefs révolutionnaires, la famille impériale, les dignitaires de l'Empire, et il est premier médecin de Louis XVIII et Charles X. Grâce à lui, Jacques Augustin est anobli en 1827 et obtient le titre de baron.

Après des études de droit, Augustin de Vialar est avocat, auditeur au Conseil d'État, puis substitut du procureur à Mantes et, en 1828, procureur du Roi à Épernay, mais, considéré comme légitimiste – ce qu'il n'est pas –, il est révoqué après les Trois Glorieuses. En 1832, à la mort de son grand-père, le docteur Portal, il décide, avec sa part d'héritage, de partir pour l'Égypte. En février 1833, il débarque à Alger et, séduit par ce qu'il découvre, il fait de cette contrée son nouveau pays. Sa sœur Émilie, qui a créé la Congrégation de Saint Joseph de l'Apparition, le rejoint en 1835. C'est lui encore qui fait venir en Algérie son ami Max de Tonnac, l'époux de Louise de Bayne, et plusieurs agriculteurs tarnais.

Cette lettre rappelle la fascination exercée sur la société des années 1830 par tout ce qui touche l'Orient. Depuis l'*Itinéraire de Paris à Jérusalem* de Chateaubriand, les œuvres de Lord Byron, les *Orientales* de Victor Hugo, les peintures orientalistes d'Ingres, Delacroix, Chassériau… l'Orient est à la mode et les imaginations sont débridées. Ainsi un jeune arabe devient-il vite un prince fastueux, même pour la sage Eugénie de Guérin laquelle écrit dans son journal le 9 mai 1837 :

> Aujourd'hui elle [Marie de Thézac] nous annonce l'arrivée de Monsieur Vialar, l'Africain, et celle d'un prince arabe : choses curieuses pour le pays et pour ceux qui savent voir les choses dans les hommes, il y a beaucoup à voir dans ces deux : dans un Gaillacois venu d'Afrique et dans un Africain venu à Gaillac ! La Providence qui mène tout n'aura pas fait pour rien rencontrer ces deux hommes et tiré l'Arabe de son désert pour lui faire voir notre France, notre civilisation, nos arts, nos mœurs, nos belles cathédrales.

L'événement est d'importance et Eugénie en informe, à peu près dans les mêmes termes, Louise de Bayne le 11 mai :

> Je ne sais plus rien. Oh ! je me trompe ; une grande nouvelle encore : l'arrivée de M. Vialar l'Africain avec un prince arabe. Pour qui sait voir les choses dans les hommes, il y a beaucoup à voir dans ces deux : dans un gaillacois venu d'Afrique et dans un Africain venu à Gaillac. La Providence qui mène tout n'aura pas pour rien tiré l'arabe du désert.

Le 24 mai suivant, c'est l'effet produit par le fameux prince qu'elle décrit à son amie :

> Les nouvelles de Gaillac sont pleines du prince arabe, des partants pour Alger. M. le curé de Saint Pierre a dû s'embarquer un de ces jours avec M. Vialar, son prince et une quarantaine de personnes qui vont faire fortune en ce pays...
> Le Prince Arabe est fort bien, belles manières, belle figure, yeux étincelants, parlant assez bien le français. Tout le monde courait pour le voir aux salons de Madame Narcisse [de Carrière] et de Madame d'Huteau où il a passé deux soirées. Son costume à l'orientale était magnifique. Le voilà retournant au désert avec le souvenir de notre société, de nos airs, de notre élégance, avec un prêtre pour compagnon de voyage. C'est de quoi faire de belles choses. Peut-être la Providence en fera. Le curé de Saint-Pierre, avec son esprit, n'est pas pour rien sur ce vaisseau avec le prince Arabe. Peut-être, il le convertira.

Le prince est encore mentionné dans une lettre du 14 juin :

> À présent, voulez-vous savoir ce qu'a dit le Prince Arabe de Gaillac ? Il trouve le vin excellent, les dames peu jolies : pas une à son gré, rien que les yeux de Sidonie [de Bermond], yeux de velours, qui soient bien, et l'on croit que Monsieur l'Arabe a bon goût. Ce monsieur d'Huteau avait appris que c'était un domestique de Monsieur Vialar. Vous voyez bien le contraire. Il est très riche et marié, comme le sont des Arabes à des femmes. Une de ses belles sœurs ressemble fort à Madame Narcisse, un peu arabesque de teint.

La lettre de Laure de Vialar nous apprend aussi que le talent littéraire de Louise de Bayne était reconnu, que sa correspondance était lue et appréciée et que l'éditeur des œuvres d'Eugénie de Guérin, Trebutien, avait même songé à la publier. Les lettres de Louise étaient restées dans la famille de Bayne, Eugénie s'étant pliée à la coutume qui voulait que l'on rendît les lettres échangées, le plus souvent au décès d'un des correspondants.

Ces lettres seront rachetées par la Médiathèque d'Albi vers l'an 2000 et c'est l'Association des Amis des Guérin qui publiera la correspondance entre les deux amies en 2006, répondant ainsi, sans le savoir, au vœu d'Augustin de Vialar.

Enfin, cette lettre montre que bien des années après la mort de Louise survenue en 1846 son époux, Max de Tonnac, remarié, avait toujours des liens étroits avec la famille de Guérin puisqu'il s'apprête à recevoir le jeune ménage Mazuc, c'est-à-dire Melchior Mazuc et son épouse Marie Eugénie Caroline, fille d'Érembert de Guérin et d'Anaïs Boudet. Le mariage avait eu lieu le 23 novembre 1864. Ce sont leurs enfants qui vendront le Cayla au département

Rappelons que dans son numéro 187 de mai 2008, *L'Amitié Guérinienne* a publié, d'après un travail entrepris par l'Abbé Barthés au moment de la canonisation de Sainte Émilie de Vialar, tous les écrits d'Eugénie et de Louise concernant la famille Vialar.

Pierre CHATELUS DE VIALAR

FOURBE

Nous sommes heureux de publier dans notre revue le poème qui a remporté le premier prix (catégorie œuvre individuelle adulte) du concours de poésie « Au féminin », concours organisé par le département du Tarn en partenariat avec ARPO, association tarnaise de promotion de la poésie.

Sucre d'orge, gosse d'ogre, lance-toi
dans l'antre sacré des souvenirs de craie
au gouffre des infidélités sucrées.

    Une faille d'homme en moi
    Une infâme femme en forme d'enfant en faille d'homme
    Une faille d'ogre en soi.

Comme un blâme, une trace vacarme,
Tissage tapis, ce n'est pas un drame,
juste une flamme telle une aube-scène.

Une faiblesse mordue à l'eau-forte,
trame secrète, juste une carence,
l'impôt latent dévolu d'une enfance.

    Une faille d'homme en moi
    Une infâme femme en forme d'enfant en faille d'homme
    Une faille d'ogre en soi.

Ces ténèbres invincibles tenaces,
jolie craquelure fine au tableau,
c'est juste une ombre bombée au bas du dos.

Et c'est encore une vrille qui fait corps,
ni blessure, ni béance, c'est un sort,
comme le brame du cerf à l'aurore.

Une faille d'homme en moi
Une infâme femme en forme d'enfant en faille d'homme
Une faille d'ogre en soi.

Ségolène HANARTE[1]

1   Ségolène Hanarte est plasticienne et intervenante auprès du jeune public. Et elle écrit de la poésie. Son poème « La Gaine » a reçu en 2017 une mention d'honneur au prix Verlaine (catégorie Poésie libre) et a été publié dans la revue *L'Actualité Verlaine*. Son poème « Une marche implacable », nominé au concours Les Estivades poétiques, a obtenu en 2018 la sixième place au concours de l'association Alexandre Vos Écrits.

ASSEMBLÉE GÉNÉRALE ORDINAIRE
DU 19 JUILLET 2020

Compte rendu

L'Assemblée générale ordinaire des Amis des Guérin s'est tenue en la salle des fêtes d'Andillac le 19 juillet 2020 à 10h sous la présidence de M. Pierre Chatelus de Vialar.

Suivant l'ordre du jour le président donne lecture du rapport d'activités.

RAPPORT D'ACTIVITÉS

Avant de rendre compte de nos activités, je souhaite honorer la mémoire de M. Marc Fumaroli qui vient de nous quitter. Je ne reviendrai pas sur les multiples talents de cet homme si cultivé, professeur, écrivain, académicien, et, pour nous, guérinien. C'est lui qui fit l'édition du volume consacré à Maurice de Guérin dans la collection Poésie de la maison Gallimard. Il nous avait honorés de sa présence en 2005 au Colloque consacré à Eugénie de Guérin et nous avait confié combien la perception qu'il avait d'Eugénie en avait été revalorisée.

Notre action principale a été le transfert au Cayla de la statue d'Abbal, *Le Centaure*, statue qui était depuis la fin de la guerre à Albi. Comme vous le savez, c'est notre Association qui a été à l'origine de ce projet et qui a obtenu l'accord de la Ville, du Département, de l'Établissement public et qui s'est chargée d'organiser le transfert. Cette opération ne nous aura coûté finalement que 838 euros, grâce aux différentes subventions que nous avons pu obtenir et grâce à l'aide généreuse de nos adhérents. Cette inauguration s'est déroulée lors de notre dernière journée guérinienne en présence des autorités dont le Sénateur du Tarn, M. Bonnecarrère.

Cette opération importante, reprise dans les média régionaux, a valorisé notre Association et chacun a reconnu que l'arrivée de cette statue ne faisait que renforcer l'attractivité des lieux.

La journée s'est donc parfaitement déroulée en présence d'une nombreuse assistance et, après le déjeuner, la conférence donnée par M. Jean-Luc Steinmetz, professeur émérite de l'Université de Nantes, portait sur ce sujet : « Les gestes du Centaure et de la Bacchante ».

La suppression voulue par le Département de l'Établissement public va modifier complétement nos rapports avec le musée, et je souhaite rappeler l'action essentielle du président de cet Établissement public, Alain Soriano, qui, pendant des années, a maintenu et enrichi les lieux et surtout défendu sans relâche la mémoire des Guérin. Qu'il en soit ici chaleureusement remercié.

Nous entretenons d'excellentes relations avec les responsables des musées du Département, et nous souhaitons développer ensemble des actions communes comme, par exemple, envisager la restauration de la cave et du pressoir. Une vieille famille gaillacoise qui déménageait nous a donné un nombre important de vieux instruments que nous avons remis au musée. Leur inventaire est en cours. Que cette famille soit ici chaleureusement remerciée.

À la demande du Département, votre Association siège au jury du Concours de poésie national organisé au Cayla. Les primés seront publiés dans notre revue.

Enfin nous accueillons avec plaisir deux nouveaux administrateurs : M. M. Mathieu d'Harcourt et Jean-Paul Charlut.

M. Alan Geddes prend la parole pour présenter le rapport financier.

RAPPORT FINANCIER

LES RECETTES

Les trois sources principales et récurrentes de revenus pour notre association sont :

– les cotisations 2 228 € (2 061 € en 2018) ;
– les ventes de livres 1 067 € (1 693 € en 2018) ;
– le déjeuner de la Journée Guérinienne 1 226 € (1 104 € en 2018) avec une subvention de fonctionnement de 500 € donnée par la mairie de Gaillac.

Il y a eu aussi des revenus exceptionnels en 2019 : 5 912 € pour le projet du déménagement de la statue du Centaure d'Albi au Cayla dont 4 312 € de la mairie de Gaillac, 1 500 € de la Région, et 100 € des membres de l'association. Pour ce projet qui a coûté 8 812 € nous avons donc reçu un total de 7 974 € en subventions et dons, laissant à la charge de l'association 838 €. Nous remercions très sincèrement la Mairie de Gaillac, la Région et la Mairie d'Andillac ainsi que nos fidèles abonnés, sans qui ce projet n'aurait pas pu être réalisé.

LES DÉPENSES

Les trois postes de dépenses les plus importants sont :

— la publication et distribution du Bulletin Annuel pour 1 235 € (1 394 € en 2018) ;
— la Journée guérinienne pour 2 108 € (1 753 € en 2,018 – l'augmentation de 355 € venant principalement des frais occasionnés par la venue du conférencier) ;
— la variation dans la valeur des stocks de livres de 747 € (1 185 € en 2018).

Avec les frais administratifs et divers, les dépenses totalisent 5 295 € pour l'année 2019 par rapport à 6 036 € en 2018 (hors la provision exceptionnelle pour le Centaure), soit une réduction de 740 € qui s'explique principalement par la réduction de 438 € dans la variation du stock des livres et par une réduction dans les frais généraux.

LE RÉSULTAT

Le résultat net pour l'année 2019 est une perte de 191 € comparée à un bénéfice de 26 € pour 2018.

LE BILAN

Le total de l'actif du bilan est de 25 509 € représenté principalement par 8 812 € des frais immobilisés du Centaure, 7 191 € de stock de livres et 8 914 € en trésorerie, financé par les fonds propres de l'Association de 15 689 €, des subventions de 7 774 € et par des créditeurs et provisions divers de 2 046 €.

CONCLUSION

La même que l'année dernière. L'Association est en bonne santé financière, mais le nombre d'adhérents continue de baisser, cette baisse étant due principalement à l'âge moyen avancé de nos abonnés, lesquels se retirent peu à peu : il nous faut trouver de nouveaux abonnés.

VOTE DES RÉSOLUTIONS

Nous avons reçu quatre pouvoirs.

Première résolution : l'Assemblée générale ordinaire, après lecture des rapports d'activités et des comptes de l'année 2019, approuve ces derniers tels qu'ils ont été présentés.

Deuxième résolution : l'Assemblée générale ordinaire donne quitus aux administrateurs de leur gestion pour l'année 2019.

Troisième résolution : l'Assemblée générale ordinaire décide de maintenir la même cotisation pour adhérer ou se réabonner à l'Association en 2020 :

– Pour la France :
  Membre adhérent : 22 €
  Membre soutien : 30 €
  Membre bienfaiteur : 40 € et au-delà
  Abonnement bibliothèques et universités : 25 €
– Étranger : 40 €

Ces résolutions mises aux voix sont adoptées à l'unanimité.
Les administrateurs sont renouvelés dans leurs fonctions à l'unanimité.

PROJETS ET QUESTIONS DIVERSES

Comme nous l'avons déjà évoqué, il ne nous reste plus d'exemplaires du tome I des *Lettres d'Eugénie à sa famille* alors que nous avons encore 224 exemplaires du tome II.

Nous avons demandé des devis pour une réimpression du tome I qui sont d'environ 2 095 € HT pour 150 exemplaires. Cela sera notre future et principale dépense pour 200 exemplaires.

Devant le stock important des *Lettres de Louise de Bayne et d'Eugénie*, nous avons décidé pour 2020 de proposer les deux tomes pour 20 €.

L'Établissement public nous a remis une partie de son stock, comme les cartes postales, qu'il en soit ici remercié.

Nous avions été contactés par une compagnie théâtrale qui a monté un spectacle sur les Guérin. M. Bazarini, son responsable, nous annonce que ce spectacle sera donné au Cayla les 18 et 19 septembre.

Bien évidemment la crise sanitaire que nous subissons et qui a bouleversé et nos projets et la vie du Cayla ne doit pas interrompre notre action : dans ces moments si difficiles pour les Associations nous comptons sur votre mobilisation.

Laurence et Alan Geddes, fidèles guériniens et respectivement secrétaire et trésorier de notre Association, ont annoncé leur démission. Leur charge de vignerons ne leur permet plus de remplir ces fonctions. Nous les remercions chaleureusement et avec beaucoup de reconnaissance pour leur dévouement depuis de longues années. Nous devons donc maintenant les remplacer et faisons donc appel à toutes les bonnes volontés.

L'ordre du jour étant épuisé, la séance est levée à 10 h 30.

BIBLIOGRAPHIE GUÉRINIENNE

Livres en vente

ŒUVRES DE MAURICE DE GUÉRIN

Le Centaure, La Bacchante, précédés d'une étude de Charles du Bos « Le génie de Maurice de Guérin » et d'une préface de François Mauriac, Falaize, 1950, 115 p., 3 €.

Le Cahier vert, présenté et commenté par Claude Gély, nouvelle édition revue et corrigée, Klincksieck, 1998, 15 €.

Entretien – À mon ami Hippolyte, édition de Bernard Heudré, Les Amis des Guérin, Villematier, 2010, 7 €.

Œuvres, édition de Marie-Catherine Huet-Brichard, Classiques Garnier poche, 2011, 312 p., 13 €.

Œuvres complètes, édition de Marie-Catherine Huet-Brichard, Classiques Garnier, « Bibliothèque du XIXᵉ siècle », 2012, 1082 p., 59 €.

ŒUVRES D'EUGÉNIE DE GUÉRIN

Lettres à sa famille et à divers, tome II (1839-1848), Albi, 1962, 20 €.

Journal, nouvelle édition illustrée, 61ᵉ édition, 1998, Albi, 10 €.

Correspondance, Eugénie de Guérin et Louise de Bayne (tomes 1 et 2), Les Amis des Guérin, 2005, 20 € les deux volumes.

ÉTUDES BIOGRAPHIQUES ET LITTÉRAIRES

BARTHÉS, Émile, *Eugénie de Guérin*, tome 1 (avant la mort de son frère Maurice), Paris et Albi, 1929, 20 € ; tome 2 (après la mort de son frère Maurice), Paris et Albi, 1929, 20 €.

PIRE, Jean-Luc, *G. S. Trebutien*, préface de Jean-Claude Polet, Louvain-la-Neuve – Caen, 1985, 22 €.

PIRE, Jean-Luc, *Poésie. Silence. Clameurs. La mythification littéraire de Maurice de Guérin*, Presses universitaires de Louvain, 1993, 22 €.

PEYRADE, Jean, *La vie au Cayla et dans la région au temps des Guérin (1805-1848)*, 1996, 7 €.

SUMMERS, Mary, *Eugénie de Guérin, A life of Reaction* (en anglais avec citations en français), Edwin Mellen Pr, 1997, 27 €.

SORIANO, Alain, *À la rencontre d'Eugénie de Guérin*, Jisédit des Sept Fontaines, Gaillac, 2005, 12 €.

HUET-BRICHARD, Marie-Catherine, *Maurice de Guérin, biographie*, Paris, Pierre-Guillaume de Roux, 2018, 22 €. Ouvrage couronné par l'Académie des Jeux floraux.

ACTES DES COLLOQUES

Lectures Guériniennes, actes du colloque international de 1988, sous la direction de Claude Gély, Université de Montpellier, 1989, 7 €.

Eugénie de Guérin, Colloque du Bicentenaire, n° hors-série, 2005, 10 €.

Maurice de Guérin revisité, Colloque du Bicentenaire, *L'Amitié guérinienne* n° 190, 2011, 10 €.

Fêtes d'Andillac et du Cayla le 18 juillet 1912 (Les), Centenaire de 2012, *L'Amitié guérinienne* n° 191, 10 €.

Table générale de l'Amitié Guérinienne 1933-1989, avec introduction historique et index par Jean-Luc Pire, 15 €.

Pour la vente de numéros encore disponibles de *L'Amitié guérinienne*, nous consulter.

Port : gratuit à partir de 100 € de commande. Sinon, forfait : 6 €.

Le règlement par chèque bancaire est à établir à l'ordre des *Amis des Guérin* et à adresser au Château-Musée du Cayla (81140 Andillac) ou au secrétariat de l'association : Les Amis des Guérin, Château de Mayragues (81140 Castelnau de Montmiral).

RÉSUMÉS/*ABSTRACTS*

Jean-Paul CHARLUT, « Éloquence des eaux, ou kaléidoscope aquatique. De la source d'Onelle à l'Atlantique »
À l'instar de Rimbaud, Maurice de Guérin s'est *baigné dans le poème...* Sources, océan, fleuves ; il a écouté l'eau sous toutes ses formes, sous l'angle le plus romantique, quêtant quelque inaccessible patrie à partir de laquelle il aurait retrouvé sa nature divine. Il a entrevu l'abri qui apaise, la grotte où se soustraire au triste quotidien, entr'ouvert un monde édénique, et rejoint en rêve une mort mythologique propre à rédimer les errements de sa vie...
Mots clés : imaginaire, mythologie, rêverie, métamorphose, refuge

Jean-Paul CHARLUT, *"Eloquent waters or an aquatic kaleidoscope. From the source of Onelle to the Atlantic"*
Maurice de Guérin followed in Rimbaud's footsteps and "bathed in the Poem..." From springs, to rivers, to the ocean, he was inspired by water in all its forms, seeking in a deeply romantic way some inaccessible land that might reconnect him with his divine nature. He envisioned a calm refuge, a sanctuary-like cave far away from the dismal day-to-day. He could almost see a lost Eden, and dreamt of a mythological death that would grant him redemption from his vagrancies.
Keywords: imaginary, mythology, reverie, metamorphosis, refuge

Mathieu D'HARCOURT, « Oh un ami ! »
Variations poétiques sur les pérégrinations du *Cahier vert*.

Mathieu D'HARCOURT, *"Oh, a friend!"*
Poetic variations on the meanderings of the Cahier vert.

Naïma MEJJATI, « Pastiche et autotexte. Le cas Guérin »
L'article, inspiré par la linguistique, étudie le pastiche et l'autotexte comme formes de reprise dans les textes de Maurice de Guérin. Ces diverses pratiques qui relèvent de l'imitation, imitation volontaire ou non, montrent un poète à la recherche d'une écriture qui lui soit personnelle et originale.
Mots clés : variations, influence, intertexte, sens, originalité

Naïma MEJJATI, *"Pastiche and autotext. The case of Guérin"*
    Drawing on linguistics, this article considers pastiche and autotext as points of reference in Maurice de Guérin's work. These varied practices of imitation—deliberate or otherwise—reveal a poet striving for individuality and originality in his writing.
    Keywords: variations, influence, intertext, meaning, originality

Sarah LÉON, « *Et in Arcadia ego…* Philippe Jaccottet, Maurice de Guérin et l'Arcadie perdue »
    Quelle parenté de pensée existe-t-il entre Philippe Jaccottet et Maurice de Guérin ? L'Arcadie incarne pour les deux poètes une plénitude rêvée et perdue, et qu'il s'agit de retrouver en réinstaurant un rapport au monde à travers le Sacré.
    Mots clés : origines, Antiquité, paradis, exil, Sacré

Sarah LÉON, "Et in Arcadia ego. *Philippe Jaccottet, Maurice de Guérin, and the lost Arcadia*"
    What links the thought of Philippe Jaccottet with that of Maurice de Guérin? For both poets, Arcadia represents a lost ideal of fulfilment, which must be rediscovered by reconnecting with the world through the sacred.
    Keywords: origins, antiquity, paradise, exile, the divine

Marguerite DERRIEUX, « À propos du Cayla d'Andillac »
    Variations poétiques sur le château du Cayla.

Marguerite DERRIEUX, *"On Cayla d'Andillac"*
    Poetic variations on the château of Le Cayla.

Marie-Catherine HUET-BRICHARD, « Filer le temps. L'horizon noir d'Eugénie de Guérin »
    Eugénie de Guérin ne sait pas savourer le bonheur de l'instant. Son présent est abîmé par l'inquiétude de l'avenir. Quelles sont ses défenses ou ses armes pour échapper à une angoisse qu'elle entretient malgré elle et qui la crucifie ?
    Mots clés : temps, mélancolie, ressassement, perte, deuil

Marie-Catherine HUET-BRICHARD, *"Time slipping away: Eugénie de Guérin's dark horizons"*
    Eugénie de Guérin cannot embrace the joy of living in the moment ; for her, the present is ruined by her dread of the future. What defenses or tools does she have to escape the anxiety to which she feels so hopelessly compelled and by which she is so tormented?
    Keywords: time, melancholy, compulsion, loss, mourning

Pierre CHATELUS DE VIALAR, « Une lettre de Laure de Vialar »

En 1865, Laure de Vialar écrit à son fils Augustin. Sa lettre rappelle un épisode des années trente, la visite d'un « prince arabe » à Gaillac, visite que raconte Eugénie de Guérin dans son *Journal* et dans sa correspondance, et évoque indirectement la situation de ces aristocrates tarnais qui ont décidé de s'installer en Algérie.

Mots clés : parenté, aristocratie, salons, colonisation, ancrage

Pierre CHATELUS DE VIALAR, *"A letter written by Laure de Vialar"*

In 1865, Laure de Vialar writes to her son Augustin. Her letter relates something that happened in the 1830s, an Arab prince's visit to Gaillac, a visit also described by Eugénie de Guérin in her Journal *and correspondence, indirectly recalling the situation of those aristocrats who resolved to leave Tarn and settle in Algeria.*

Keywords: family, aristocracy, salons, colonialism, integration

Ségolène HANARTE, « Fourbe »
Poésie au féminin...

Ségolène HANARTE, *"Sly"*
Poetry in the feminine...

Achevé d'imprimer par Corlet Numéric,
Z.A. Charles Tellier, Condé-en-Normandie (Calvados), en novembre 2020
N° d'impression : 169195 - dépôt légal : novembre 2020
Imprimé en France

BULLETIN D'ADHÉSION

Association Les Amis des Guérin
Château de Mayragues – 81140 Castelnau de Montmiral

Email : jecontacte@les-amis-des-guerin.fr

NOM / Prénom :
Adresse :
Code postal / Ville :
Tél. ou tél. portable :
Adresse électronique :

❑ désire adhérer et cotiser annuellement à l'Association Les Amis des Guérin :
Pour la France :
    ❑ membre adhérent : 22 €
    ❑ membre soutien : 30 €
    ❑ membre bienfaiteur : à partir de 40 €
    ❑ bibliothèques et universités : 25 €
Pour l'étranger ❑ : 40 €

❑ joint un chèque bancaire ou postal à l'ordre de l'Association Les Amis
des Guérin

❑ ou effectue un paiement par virement bancaire
(Banque : Crédit Mutuel – BIC : CMCIFR2A
IBAN : FR76 1027 8022 4000 0200 7200 172
RIB : 10278 02240 11120072001 72)

Toute adhésion inclut l'abonnement à la revue.

Attention !
Ce bulletin est à renvoyer au trésorier de l'association :
M. Alan Geddes
Les Amis des Guérin, Château de Mayragues, 81149 Castelnau de
Montmiral, France.

Ne pas oublier de joindre une enveloppe timbrée à votre adresse.

À .... le .... Signature :